MON CŒUR PLEURE D'AUTREFOIS
(1889 et 1907)
avec
LA CHANSON D'UN SOIR (1887)
et
L'ANNONCIATRICE (1889)

Grégoire Le Roy

Édition préparée par

Richard Bales

UNIVERSITY
of
EXETER
PRESS

First published in 2005 by
University of Exeter Press
Reed Hall, Streatham Drive
Exeter EX4 4QR
UK
www.exeterpress.co.uk

© Editorial contents: Richard Bales 2005

The right of Richard Bales to be identified as author of this work
has been asserted by him in accordance with the
Copyright, Designs and Patents Act 1988.

British Library Cataloguing in Publication Data
A catalogue record for this book is available
from the British Library.

ISBN 0 85989 729 X
ISSN 1475-5742

Typeset in 10/12 pt Plantin Light
by XL Publishing Services, Tiverton

Printed in Great Britain by Latimer Trend & Company Ltd, Plymouth

Remerciements

Monsieur Jean-Pierre Raskin, petit-fils de Grégoire Le Roy, et Madame Raskin, qui veillent avec un soin incomparable au souvenir de leur aïeul, ont tout fait pour m'aider dans mes recherches, notamment en me laissant libre accès aux archives de la famille et en autorisant cette publication. Je les remercie de tout cœur. Mon ami Christian Angelet, professeur émérite des universités de Louvain et de Gand, a prodigué sa sagesse et sa connaissance parfaite de la littérature belge; il m'a également ouvert les archives de la Fondation Maeterlinck à Gand. Ma collègue Marie-Claude Klein a relu mon français avec un regard bienveillant. Le professeur Robert Van Nuffel a partagé avec moi son enthousiasme pour Le Roy, et m'a donné de précieux conseils. La Queen's University de Belfast a bien voulu subventionner cette publication. Mais ma dette la plus profonde est due à Fabrice van de Kerckhove, des Archives et Musée de la Littérature à Bruxelles: sans son aide, qui a souvent dépassé les limites du possible, ce livre n'aurait jamais pu paraître.

avril 2004.

Table des Matières

Introduction

Si le nom de Grégoire Le Roy n'est guère connu du public littéraire d'aujourd'hui, on continue à le rencontrer de façon insistante lorsqu'on étudie les auteurs majeurs du symbolisme belge.[1] En effet, Le Roy était condisciple de Maurice Maeterlinck et de Charles Van Lerberghe au célèbre Collège Sainte-Barbe de Gand pendant les années 1870 (Rodenbach et Verhaeren étaient plus âgés, étant nés en 1855), et faisait partie intégrante de la bande d'écrivains en herbe qui s'y formait à cette époque. Ses premières publications datent de la toute première période du nouveau mouvement, et partagent les mêmes thèmes principaux et les mêmes préoccupations expressives que ses contemporains devenus plus illustres que lui. Rapidement éclipsé par eux, Le Roy a continué à sombrer dans le rôle quasi permanent d'écrivain de second ordre. S'il est vrai que sa longue carrière littéraire n'a pas connu de développements significatifs, on s'étonne que ses premières œuvres soient presque totalement négligées par les lecteurs: vers 1890, elles étaient à l'avant-garde. C'est dans le but de replacer Le Roy dans son vrai contexte que nous rassemblons ici la totalité de son œuvre littéraire datant de cette époque fertile en écrits.

La carrière de Grégoire Le Roy

La situation familiale de Le Roy était identique à celle de ses confrères célèbres.[2] Né dans la bourgeoisie aisée francophone de Gand le 7 novembre 1862 (la même année que Maeterlinck, donc), il n'avait visiblement pas d'ennuis d'argent: au contraire, après trois années d'études universitaires sporadiques (d'abord philosophie et lettres,

---

1 Plus familier, sans doute, est le tableau de Fernand Khnopff intitulé *Avec Grégoire Le Roy. Mon cœur pleure d'autrefois* (six versions), souvent reproduit dans des recueils de peintures symbolistes.
2 Sur Le Roy, il n'existe qu'un seul livre de synthèse, sans grande utilité: Gaston Heux, *Grégoire Le Roy*, Bruxelles, La Renaissance d'occident, 1923. L'article de Robert O.J. Van Nuffel, plus compact et dense, est préférable: 'Grégoire Le Roy', *Nouvelle Biographie Nationale*, Bruxelles, Académie Royale de Belgique, IV (1997), 252–56.

ensuite droit), il a pu se consacrer totalement à l'étude de la peinture et cultiver des dons musicaux. C'est sous l'impulsion de sa mère qu'il est allé en 1885 rejoindre son ami Maurice Maeterlinck à Paris, où il s'est inscrit à l'Ecole des Beaux-Arts. Mais, typiquement, l'enseignement formel ne lui convenant pas, il change de direction et s'intéresse de plus en plus à la littérature. C'est ainsi qu'avec Maeterlinck et d'autres Belges expatriés il fréquente le cercle qui se forme autour de Villiers de l'Isle-Adam, fréquentation dont le résultat est la publication de *La Pléiade*, revue éphémère qui ne comptera que sept numéros. Maeterlinck y fera paraître 'Le Massacre des innocents', et Le Roy quelques poèmes qui seront repris dans *La Chanson d'un soir* et dans l'édition de 1907 de *Mon cœur pleure d'autrefois*. Cette activité littéraire se poursuivra après le retour de Le Roy à Gand, avec quelques collaborations à *La Jeune Belgique*, et surtout la publication en 1887 d'une plaquette de poésies appelée *La Chanson d'un soir*, tirée à vingt exemplaires seulement. Suivra en 1889 la première version de *Mon cœur pleure d'autrefois*, plus largement accessible, mais toujours à tirage restreint (deux cents exemplaires).[3]

Peu après, une rupture significative se produit dans la vie de Le Roy: il change subitement de direction, et se lance dans les affaires: 'Il se fixe à Anvers, où il cherche sa voie dans le commerce, puis dans l'industrie. Il fonde une entreprise d'installations électriques destinées à la gare centrale d'Anvers et à des mines de charbon. Il travaille également à la fabrication de phonographes et au montage de voitures Ford' (Jacob, p. 12).[4] Cette activité, puis son mariage en 1895 et la naissance de trois filles, semblent signaler l'abandon de la littérature de la part de Le Roy. En effet, aucune publication—à deux très petites exceptions près[5]—ne paraît au cours des années 1890 et une bonne partie des années 1900. C'est donc un véritable *poeta redivivus* qui, en 1907, fait imprimer *La Chanson du pauvre* accompagnée d'une version augmentée de *Mon cœur pleure d'autrefois*. En 1909, nouvelle rupture, mais destinée cette fois à favoriser ses activités littéraires: Grégoire Le

---

3   Pour beaucoup de détails concernant la première période de la vie et de l'œuvre de Le Roy, je suis redevable à Marie-José Jacob, 'La Vie et les débuts poétiques de Grégoire Le Roy', Mémoire de licence en philologie romane, Université de Louvain, 1964. Un exemplaire en est déposé aux Archives et Musée de la Littérature à Bruxelles (MLA 13873).

4   Les archives des descendants de Le Roy ne contiennent aucun détail relatif à la durée du séjour anversois.

5   'Georges Minne', *L'Art moderne*, septembre 1890, pp. 307–8; 'Maurice Maeterlinck', *L'Art moderne*, octobre 1890, pp. 357–60.

Roy devient bibliothécaire de l'Académie des Beaux-Arts de Bruxelles, tâche peu onéreuse qui lui laisse le temps de se refaire une réputation poétique. C'est ainsi que se succéderont, avant la première guerre mondiale, chroniques artistiques dans *La Belgique artistique et littéraire* et *L'Art moderne*, volumes de poésie (*La Couronne des soirs*, 1911; *Le Rouet et la Besace*, 1912) et recueils de nouvelles (*Contes d'après minuit*, 1913; *Joe Trimborn*, 1913). Pendant la guerre, Le Roy semble s'être imposé le silence, comme tant d'autres l'ont fait.

Un an après la guerre, c'est une nouvelle carrière qui s'ouvre pour l'écrivain: le 22 avril 1919, il devient Conservateur du Musée Wiertz à Ixelles (Bruxelles), curieux endroit qui renferme les œuvres quelque peu pompières de ce précurseur du symbolisme (1806–1865). Ce poste était une sinécure, très propice à la rêverie littéraire: le grand romancier flamand Henri Conscience avait été un prédécesseur; Albert Mockel lui a succédé en 1940. Deux livres de critique artistique seront le fruit de ce séjour, l'un consacré à *James Ensor* (1922), l'autre à *L'Œuvre gravé de Jules De Bruycker* (1933), sans parler des trois derniers recueils de poésie: *Un chant dans l'ombre* (1920), *L'Ombre sur la ville* (1934) et *La Nuit sans étoiles* (1940). De façon inattendue, Le Roy écrira pendant les années 1930 un roman en flamand (*Fierlefyn*, 1934); mais ce fait ne devrait pas vraiment nous surprendre—sa jeunesse à Gand et ses années à Anvers lui avaient nécessairement donné des compétences dans cette langue. Démissionnaire de ses fonctions au Musée Wiertz en décembre 1940, c'est une année plus tard que Grégoire Le Roy s'éteindra à Bruxelles. Tristement, 'sa mort n'eut aucun retentissement dans le monde des lettres, la presse étant saturée par les nouvelles de la guerre' (Jacob, p. 26).

Les influences littéraires qui ont agi sur Le Roy sont faciles à détecter; d'ailleurs, 'il adopta d'instinct le tour symboliste qui était celui de l'heure: fuyant, comme aéré, imprécis mais avec science' (Heux, pp. 18–19). Son séjour parisien y est pour beaucoup: à en croire Maeterlinck, c'est l'exemple de Villiers de l'Isle-Adam qui aura été déterminant. Tout un chapitre de *Bulles bleues*, ces 'souvenirs heureux', lui est consacré,[6] et les termes que Maeterlinck y emploie sont dithyrambiques: chez Villiers, 'il n'y a pas seulement la musique des phrases ou des images, mais aussi, ce qui est au plus haut de l'échelle des valeurs humaines, la musique de la pensée' (p. 156)— préparation pour la création de la princesse Maleine, de Mélisande et

---

6 Maurice Maeterlinck, *Bulles bleues*, Bruxelles, Le Cri, 1992, pp. 153–7. Première édition: Monaco, Editions du Rocher, 1948.

des 'fantômes qui suivirent' (p. 157). Et Maeterlinck d'ajouter une
liste des autres influences de cette période parisienne: Coppée,
Richepin, Leconte de Lisle, Heredia, Verlaine, Mallarmé. En ce qui
concerne Le Roy, on constate tout de suite que la première édition de
Mon cœur pleure d'autrefois fut dédiée à Villiers, mais on retiendra
surtout le nom de Verlaine, qui semble planer sur toute la production
littéraire de cette jeune école gantoise.[7] De toute façon, c'était l'opinion
de Charles Van Lerberghe qui, à une date non précisée, mais peu
postérieure aux événements, écrivait: 'Si pour Maeterlinck et moi le
dieu de la Poésie nouvelle devint Mallarmé, pour Le Roy ce fut Paul
Verlaine. L'influence de Mallarmé fut incontestable sur nous, sur moi
surtout, sur le Roy elle fut je crois absolument nulle.'[8]

Mais il ne faut pas oublier un écrivain belge plus proche: Georges
Rodenbach (1855–1898), de quelques années seulement plus âgé que
Le Roy, Maeterlinck et les autres, mais issu de la même bourgeoisie
gantoise et formé au même Collège Sainte-Barbe. Doté d'une influ-
ence moindre dans les milieux littéraires, mais plutôt considéré comme
modèle (n'étant qu'au début de sa carrière), il commençait néanmoins
à montrer les caractéristiques qui feront de son œuvre 'un tout
foncièrement limité, répétitif, un monde clos à l'intérieur duquel se
développent les multiples variations des mêmes images et des mêmes
thèmes'.[9] Rodenbach trouvera sa spécialité dans l'étude approfondie
de Bruges; mais si les jeunes Gantois ne le suivent pas dans cette voie,
ils retiendront une prédilection pour une répétition qui limite, certes,
mais qui peut engendrer également des profondeurs de sonorité et de
sens.[10] On peut presque parler d'un trope de la répétition chez les
symbolistes belges, tant elle est fréquente. La démonstration la plus
achevée de cette tendance est sans doute à voir dans les *Quinze chan-
sons* de Maeterlinck (1896/1900).

---

7 Un autre chapitre de *Bulles bleues* (pp. 149–51) est consacré à une visite faite par
   Verlaine à Gand, invité par Maeterlinck et ses amis. C'est le récit d'un séjour
   copieusement arrosé où figurent en bonne place Le Roy et le sculpteur Georges
   Minne.
8 Charles Van Lerberghe, Journal inédit, I, 163. Archives et Musée de la Littérature,
   Bruxelles, ML 6949.
9 Patrick Laude, *Rodenbach: Les Décors de silence*, Bruxelles, Editions Labor, 1990, p. 8.
10 Les Archives et Musée de la Littérature à Bruxelles détiennent un exemplaire de la
   première édition de *Mon cœur pleure d'autrefois* dédicacé 'au poète Georges
   Rodenbach en témoignage de mon admiration et de ma sincère reconnaissance'
   (M.L. B194, page de garde).

Un ami ambigu: Charles Van Lerberghe

Pour qui étudie Le Roy, un nom ne cesse de revenir: celui de Charles Van Lerberghe. Il faut s'arrêter à ce fait, parce que l'étendue de leurs interférences était plus vaste que les liens qui existaient entre Le Roy et les autres membres du groupe gantois; plus complexes aussi.[11] Du point de vue personnel, on constate une affinité naturelle: 'avec Le Roy. . . intimité parfaite, pleine harmonie. . . Il m'est arrivé pendant des heures de penser et de sentir à l'unisson avec lui' (Journal, I, 132; II, 249). S'agissant de l'œuvre poétique de Le Roy, l'attitude de Van Lerberghe est nettement plus ambiguë: si le compte rendu qu'il consacre à la première édition de *Mon cœur pleure d'autrefois* est positif et analyse les poèmes avec sensibilité (nous y reviendrons), les annotations du Journal nuancent considérablement son appréciation. Il reproche surtout à Le Roy d'avoir trop laissé transparaître ses influences: '[en lui] il y a du Verlaine, du Laforgue, du Henri Heine, du François Coppée, du Rodenbach, du Max Waller, du Maeterlinck et du moi' (Journal, II (1889–91), 226); 'j'ai visiblement influencé Le Roy dans cette partie, certes la meilleure du volume' (Journal, II, 13). On le voit, la modestie n'était pas le fort de Van Lerberghe. Cette dernière remarque a son importance, car la critique souvent sévère à l'encontre de Le Roy que l'on retrouve dans des documents maintenant accessibles mais à l'époque nécessairement inédits sonne quelquefois trop dur et donne l'impression d'une réaction instinctive de rival. 'Greg n'a en aucune façon la vocation de poète. Il s'est égaré dans les lettres à notre suite' (Journal, III (1891–92), 20); 'Grégoire Le Roy me remet ici sa *Chanson d'un soir*, tirée à vingt exemplaires. *Mon cœur pleure d'autrefois* est médiocre, mais ceci est archimauvais. . . Je crois que Le Roy est fini.'[12] Van Lerberghe lui-même semble s'être rendu compte de cette disparité entre expression publique et expression privée, car certaines entrées du Journal ont été partiellement gommées (il écrivait souvent au crayon) ou découpées, ce qui est le cas de celle du 5 juillet 1890. L'année suivante (à une date non précisée) nous lisons ceci: 'J'ai effacé

---

11 Un petit détail, mais significatif: Van Lerberghe et Le Roy se vouvoyaient, alors que Maeterlinck et Le Roy se tutoyaient. Même avec Verhaeren, pourtant de sept années l'aîné de Le Roy, le tutoiement était de règle (les exemples de ces faits se retrouvent dans diverses citations de l'Introduction).

12 Lettre de fin juillet/début août 1889 à Albert Mockel, citée dans Raymond Trousson, *Charles Van Lerberghe, le poète au crayon d'or*, Bruxelles, Editions Labor, 2001, p. 95, n. 1.

dans un moment de générosité les remarques faites sur lui [Le Roy],
en ce sens [de critique sévère]' (Journal, III, 21). Cette phrase ne peut
que se référer à l'état du manuscrit en question.[13] Conflit entre devoir
d'ami et devoir de critique, donc. Ou est-ce qu'il serait possible de
parler d'une anticipation de l'attitude critique moderne (Proust,
Barthes), qui établit un divorce entre homme et œuvre? Sans doute pas,
car les entrées du Journal de Van Lerberghe mélangent trop étroite-
ment des aperçus personnels et littéraires. Il faut dire que l'amitié, en
fin de compte—et malgré les réserves critiques qui vont croissant, on
le verra—l'emporte: c'est chez Le Roy que Van Lerberghe trouvera
asile pendant sa dernière maladie, avant d'être transféré à l'Institut
Saint-Jean de Bruxelles, où il mourra le 26 octobre 1907 (voir
Trousson, pp. 358–72).

L'énigme de *L'Annonciatrice*

L'événement qui avait provoqué les remarques négatives annulées par
la suite était de toute apparence anodin: 'Une pièce en 3 actes qu'il [Le
Roy] me lit me déplaît extrêmement à cause du sujet' (Journal II, 174;
souligné dans l'original). Cette allusion fait référence à l'un des plus
curieux épisodes de l'histoire littéraire belge, énigme pas encore totale-
ment éclaircie. Essentiellement, la question à résoudre est la suivante:
qui, de Le Roy, de Maeterlinck ou de Van Lerberghe, a le premier eu
l'idée du sujet qui informe la pièce de théâtre que chacun d'eux a écrite
dans la période 1888–1890? Différentes théories se sont succédé, et ont
donné lieu à des réponses variées.[14] Les pièces en question sont *Les
Flaireurs*, de Van Lerberghe (publiés en 1889), *L'Intruse*, de Maeterlinck
(publiée en 1890) et *L'Annonciatrice*, de Le Roy (inédite jusqu'à la
présente édition). Le sujet de chacune de ces pièces (toutes très courtes)
est la mort, qui fait irruption de façon brutale dans un contexte familial
paisible. La création des *Flaireurs* ayant eu lieu après celle de *L'Intruse*,
la critique accusa Van Lerberghe de plagiat, ce qui l'a naturellement

---

13 Raymond Trousson fait remarquer que certaines pages du Journal avaient été
   supprimées par la sœur de Van Lerberghe (Trousson, p. 24); ce n'est évidemment
   pas le cas ici. Généralement, Van Lerberghe semble avoir pratiqué une politique du
   journal intime qui attend le regard scrutateur d'un public futur.
14 Le meilleur compte rendu de la question est celui de Robert Van Nuffel, in Charles
   Van Lerberghe, *Les Flaireurs—Pan*, avant-propos de Georges Sion, introduction de
   Robert Van Nuffel, Gembloux, Académie Royale de Langue et de Littérature
   Françaises, 1993, pp. 21–27.

froissé; Maeterlinck écrivit une généreuse lettre d'explications, donnant la primeur à Van Lerberghe. Pendant plus d'un demi-siècle les choses semblaient s'être remises en ordre, mais voilà qu'en 1951 Pierre Maes (le grand biographe de Rodenbach) apporte un élément nouveau. Jusque-là, on ignorait l'existence de *L'Annonciatrice*, drame laissé inachevé par Le Roy, et retrouvé parmi ses papiers.

Le numéro spécial de la revue *Epîtres* consacré à Grégoire Le Roy en cette année 1951 contenait non seulement de petits extraits du drame 'perdu', mais aussi une importante lettre de Maeterlinck à Le Roy où il est précisément question de la composition de *L'Annonciatrice*:

> Où en est ton drame? J'y ai songé encore, il y a quelque chose là-dedans, mais je ne sais pas si cela comporte 3 actes, la division en actes ne me semble admissible que lorsqu'il y a un changement de situation ou que l'œuvre serait trop longue d'un trait,—or chez toi il n'y a qu'une situation, et justement l'ensemble gagnerait à être abrégé et à voir supprimer les retours sur les mêmes pensées. Peut-être qu'en un acte, serré, ce serait beaucoup plus saisissant. Enfin ce que je t'en dis, n'est que mon impression relative, mais n'en fais qu'à ta tête, c'est toujours le meilleur. En tous cas, il ne faut pas laisser se perdre l'idée qui est effrayante.[15]

La date de la lettre (le 17 juillet 1890) coïncide, avec quelques jours de décalage, avec la lecture 'désagréable' à laquelle Van Lerberghe fait allusion dans l'extrait de son Journal cité plus haut. Bien que Van Lerberghe parle d'une pièce 'en 3 actes', alors que Maeterlinck la qualifie de texte inachevé, il s'agit certainement du même document. On reconnaît dans les mots du dernier le bien-fondé d'une critique qui préconise une construction des plus serrées—c'est la forme adoptée dans sa propre *Intruse*. Y aurait-il ici une critique implicite des *Flaireurs*, structurés, eux, précisément en trois actes, alors que la brièveté du texte (une vingtaine de pages dans l'édition de 1993) semblerait favoriser un seul acte? Quant à l'attitude négative de Van Lerberghe, nous avons vu à quel point il était susceptible sur la question d'influence. Etait-il offensé par une trop proche ressemblance avec le thème de son propre drame? (C'est plutôt Maeterlinck qui aurait pu l'être—les similitudes sont plus frappantes.)[16] Dans une

---

15 *Epîtres*, XXIV, fasc. 39–42 (mars 1951), 46–47.
16 Chez Maeterlinck et Le Roy le cadre est un foyer bourgeois; chez Van Lerberghe l'action a lieu dans 'une chaumière pauvre'.

lettre à Mockel de décembre 1888 qui semble anticiper un différend
éventuel, Van Lerberghe insiste sur le fait que la pièce 'est entièrement
de mon invention' (cité dans l'édition Van Nuffel de *Pan—Les
Flaireurs*, p. 27). Le fait que dans son appréciation accablante il ait
souligné les mots 'à cause du sujet' n'est donc pas loin d'une accusa-
tion de plagiat. Ce n'est pas la qualité de l'écriture qui est en question
(partout ailleurs elle l'est), mais bien le sujet. Ayant écrit un drame
dont le thème central était la mort, Van Lerberghe ne pouvait guère
incriminer la validité d'un tel choix de thème. L'objection est donc
personnelle.

Revenons à la chronologie des trois pièces. A première vue, il ne
semble pas possible que celle de Le Roy ait été la première en date.
Néanmoins, une déclaration de Franz Hellens en 1947, suivie d'une
autre de la part de Madame Van Paemel, une des filles de Le Roy, lais-
sent paraître un nouveau scénario: selon la première, Le Roy aurait
raconté à Hellens qu'il avait été 'en quelque sorte l'inspirateur de ses
deux amis' (Van Nuffel, dans *Les Flaireurs—Pan*, p. 23), propos
étoffés par Madame Van Paemel:

> Mon père nous a toujours raconté que Maeterlinck, Van
> Lerberghe et lui-même avaient résolu, dès que l'un d'eux aurait
> trouvé un sujet intéressant, d'en faire part aux autres et de le traiter
> chacun à sa façon.
>
> C'est mon père qui avait imaginé ce qui devait donner nais-
> sance à *L'Intruse*, à *L'Annonciatrice* et aux *Flaireurs*. . . Le fait de
> se communiquer les sujets à traiter était chose assez courante entre
> eux. (*Les Flaireurs—Pan*, p. 24)

Mettant de côté la solidarité familiale que l'on comprend, la proposi-
tion semble raisonnable, étant donné les liens étroits qui existaient
entre le groupe de Gand à cette époque. De toute façon, il ne peut être
question d'un Le Roy cherchant à tirer profit de la gloire de
Maeterlinck: les premières allusions à *L'Annonciatrice* datent d'avant
le célèbre article d'Octave Mirbeau qui compare Maeterlinck à
Shakespeare (le 24 août 1890).

Il se peut que les souvenirs de vieillesse de Le Roy se soient un peu
embrouillés; mais il est un témoignage beaucoup plus proche de la date
des événements qui raconte sensiblement la même histoire. Robert
Van Nuffel a publié, dans son édition des *Flaireurs*, des extraits d'une
lettre d'Auguste Vermeylen à Emmanuel De Bom du 6 avril 1891 où
il est longuement question de *L'Annonciatrice* (c'est la première fois

que ce titre est attesté).[17] Lors d'une séance de lecture sans doute semblable à celles auxquelles Maeterlinck et Van Lerberghe avaient assisté,

> Il [Le Roy] m'a lu son drame: *l'Annonciatrice*. Deux actes sont écrits depuis longtemps (avant les Flaireurs, et avant l'Intruse, note bien). Il mettra sur papier le troisième acte, probablement en flamand. Alors je traduirai les deux premiers actes, et nous pouvons faire représenter cela à Anvers. Cela ferait beaucoup d'effet. (*Les Flaireurs—Pan*, pp.24–25)[18]

Ici, Le Roy (par le biais de Vermeylen) réclame lui-même la priorité. Y a-t-il lieu de l'accuser de mensonge? Il ne s'agit que d'une déclaration privée, certes, mais Vermeylen était bien placé pour vérifier, si besoin était, la justesse de l'affirmation de Le Roy. De toute façon, le résumé de la pièce que Vermeylen donne dans une autre partie de cette même lettre prouve, sans aucun doute, que le texte inédit qui nous est parvenu est bien celui qu'ont connu Maeterlinck et Van Lerberghe. L'énigme n'est pas pour autant totalement résolue:

> Difficile de trancher, les trois auteurs ayant vécu dans la même ambiance et surtout se communiquant à l'époque tous leurs projets et partageant les mêmes lectures: l'idée d'aborder ce thème macabre a pu naître spontanément au cours de leurs entretiens. (Trousson, p. 82)

Pour l'instant, et à défaut de preuves manuscrites irréfutables, on ne pourra sans doute pas aller plus loin dans cette voie.

---

17 Auguste Vermeylen (1872–1945), essayiste et romancier bruxellois d'expression flamande; il savait parfaitement le français et fréquentait les milieux littéraires francophones. En 1893, il fonda, avec Cyriel Buysse, Prosper van Langendonck et Emmanuel De Bom, la revue *Van Nu en Straks*, qui marqua un tournant de la littérature flamande. De Bom (1868–1953) était bibliothécaire en chef honoraire de la ville d'Anvers.

18 La lettre est écrite en flamand. Voici le texte original de la partie en question: 'Hij heeft me zijn drama gelezen: *l'Annonciatrice*. Twee bedrijven zijn sedert zeer lang geschreven (vóór les Flaireurs, en vóór l'Intruse, bemerk wel). Het derde bedrijf zal hij nu op papier brengen, in 't vlaams, waarschijnlijk. Dan zal ik de twee eerste bedrijven vertalen, en we kunnen dat doen opvoeren in Antwerpen. Het zou zeer veel effect maken' (Archief en Museum voor het Vlaamse Cultuurleven, Antwerpen, n° 61077/58–61; une photocopie se trouve dans les Archives et Musée de la Littérature, Bruxelles, dossier Van Nuffel, sans cote; souligné dans l'original).

La Chanson d'un soir et Mon cœur pleure d'autrefois (première version)

Des trois jeunes Gantois, ce sera Le Roy qui publiera le premier livre—plus que modeste, il faut le dire, car il s'agit d'une édition tirée à vingt exemplaires seulement. *La Chanson d'un soir,* plaquette de vingt-six poèmes, paraît en 1887 par les soins d'un ami imprimeur, Louis Van Melle, celui qui, deux ans plus tard, imprimera *Serres chaudes* et *La Princesse Maleine,* et préparera, sans doute à son insu, la célébrité de Maeterlinck.[19] Le livre n'eut aucun retentissement, et semble avoir passé totalement inaperçu—aucun compte rendu n'est à signaler. Quant à la qualité littéraire de l'ouvrage, il serait vain de vouloir en escamoter les faiblesses, dues largement à l'inexpérience de la jeunesse. D'ailleurs, Le Roy a lui-même fait acte d'autocritique en supprimant plus de la moitié des poèmes lors de la refonte des recueils ultérieurs. Le principal mérite du livre est sans doute à trouver dans l'homogénéité de son thème musical, qui rythme agréablement le déroulement d'un nombre relativement restreint de poèmes. Il est vrai que cette musicalité—perceptible également au niveau de la versification—accuse l'influence directe de Verlaine. Toujours est-il qu'un soin structural est à l'œuvre dans un domaine poétique qui privilégie le flou des émotions personnelles—la disposition régulière des titres musicaux en atteste.[20]

Le deuxième recueil de Le Roy contient pratiquement le même nombre de poèmes que le premier (27 au lieu de 26), mais sa conception est légèrement différente, bien que tous les deux soient le produit d'une même logique fin de siècle. *Mon cœur pleure d'autrefois* paraît le 15 avril 1889, 'imprimé à Bruxelles par la Veuve Monnom, sous la direction d'Edouard De Winter, typographe, pour Léon Vanier, éditeur [à Paris]' (p. 75). Le tirage, quoique limité, est sensiblement plus important que celui de la plaquette précédente: deux cents exemplaires. Cette fois, la structure est moins évidente, ce que reflète d'ailleurs le nouveau titre annonciateur d'une thématique axée sur la

---

19 Ces trois éditions originales partagent également la même vignette de Georges Minne (voir Maurice Maeterlinck, *La Princesse Maleine,* éd. Fabrice van de Kerckhove, Bruxelles, Editions Labor, 1998, p. 155).

20 Bien que *La Chanson d'un soir* n'ait été le sujet d'aucun compte rendu contemporain, un document récemment découvert jette de la lumière sur l'ambiance critique parmi les jeunes Gantois. Il s'agit d'une lettre inédite de Maeterlinck à Le Roy, datant précisément de la période qui sépare *La Chanson d'un soir* de la première version de *Mon cœur pleure d'autrefois.* Cette lettre est d'une telle importance que nous la reproduisons dans sa totalité en appendice.

topique du temps perdu. Mais la composante musicale subsiste, et est renforcée même, avec deux poèmes au titre expressément wagnérien ('Lohengrin' et 'La Chevauchée'). L'ordre des poèmes ne semble pas correspondre à une suite logique, plutôt aux avatars d'un sentiment étudié en profondeur, et dont le manque de structure fait précisément partie intégrante.

De toute évidence, ce qui primait pour Le Roy, c'était le livre comme objet de délectation esthétique. Nous le savons d'après une lettre inédite à Verhaeren, où, en train de corriger les épreuves, il s'inquiète au sujet de détails typographiques tels que la disposition des éléments du faux-titre: 'Les yeux, me semble-t-il, exigent que le nom soit au milieu et <u>en caractères sans majuscules</u>; de plus, le texte de <u>Mon cœur etc.</u> . . est trop grand. . . Ensuite ne faudrait-il pas le descendre un peu?'[21] A propos de la mise en page, l'ampleur de l'espace entourant le texte prend de l'importance: 'N'est-ce pas, mon cher, qu'il vaut mieux commencer toujours par 2 strophes et avoir une page blanche après la pièce plutôt que de commencer à gauche, sur le verso, ou par 3 strophes?' L'aspect visuel comporte la nécessité d'une illustration: 'Je trouve qu'il faut à tout prix une image pour mon livre. J'ai songé à Jacques E. Blanche. Ses filles évaporées conviendraient peut-être à mon genre de vers.' L'épithète de la dernière phrase en dit long sur la nature du recueil tel que Le Roy lui-même le concevait, atmosphère décadente qui est justement résumée pour nous dans le plus célèbre des portraits de Blanche, celui qu'il devait peindre de Proust en 1892.[22]

Ce ne sera finalement pas Blanche l'illustrateur. En marge de la partie de cette lettre où il s'agit de Blanche, on lit ces mots: 'Khnopff n'accepterait pas, n'est-ce pas?' Or, il a accepté, produisant non seulement le frontispice du livre, mais aussi une petite série de dessins portant le titre *Avec Grégoire Le Roy. Mon cœur pleure d'autrefois*, contrepartie du frontispice de *Bruges-la-morte* et d'un tableau intitulé *Avec Georges Rodenbach. Une ville morte.*[23] A chaque fois, le peintre opère une fusion post-baudelairienne des arts, où prend place un

---

21 Lettre inédite de Le Roy à Verhaeren, datée seulement "88", Archives et Musée de la Littérature, Bruxelles, F.S. XVI 148/678. Souligné dans l'original. Dans cette lettre, Le Roy tutoie Verhaeren (voir la note 11).

22 Le Roy a dû rencontrer Blanche lors de son séjour parisien de 1885–86: dans la lettre à Verhaeren, il évoque une vague amitié qu'ils avaient ensemble.

23 Pour davantage de détails, voir Michel Draguet, *Khnopff ou l'ambigu poétique*, s. l., Snoeck-Ducaju & Zoon, 1995, pp. 246–51, 348–52.

paysage spécifiquement belge, en l'occurrence Bruges, ce synonyme de décadence. Le frontispice, dû au grand peintre d'avant-garde, met d'emblée le nouveau recueil de Le Roy au cœur de l'entreprise symboliste belge. A quoi il faut ajouter la couverture et les quatre culs-de-lampe de l'ami de jeunesse Georges Minne, plus 'avancés' que Khnopff dans leur apparence stylisée, mais annonciateurs d'une atmosphère visuelle quasi hiératique qu'on associera par la suite aux illustrations des œuvres de Maeterlinck, et non seulement à celles de Minne.[24]

Chacun des trois chroniqueurs qui ont rendu compte de cette première édition de *Mon cœur pleure d'autrefois* s'arrête à l'aspect visuel du livre. Selon le critique anonyme de *L'Art moderne*, l'édition est 'exquisement imprimée et illustrée' (cité dans Jacob, p. 82), termes presque identiques à ceux de Van Lerberghe dans *La Wallonie* (IV, mai 1889, pp. 159–63) et d'Albert Giraud qui, lui, la qualifie de 'merveille typographique' (*La Jeune Belgique*, juin 1889, pp. 202–4).[25] En ce qui concerne le contenu poétique du recueil, la réception est plutôt bonne, même chez Van Lerberghe, dont nous avons évoqué l'attitude profondément ambiguë envers la poésie de Le Roy. C'est une lecture symboliste qui met l'accent sur la 'correspondance de pensée, de modulations et de teintes' (p. 162) et où 'la musique propre à cette peinture d'intérieur dont elle [a] comme la vie rythmique, le pendule et le rouet, le sable qui s'écoule' (ibid.). Une lettre de Van Lerberghe à Mockel nous apprend le peu de goût que celui-là éprouvait à rendre compte de la poésie d'un ami qu'il considérait son inférieur littéraire (voir Trousson, p. 94); mais ici le critique, même s'il est élogieux dans la manière de l'époque, souligne justement les aspects qui, plus de cent ans après, continuent de dessiner les contours particuliers de cette poésie fin de siècle. Il en va de même du compte rendu de Giraud, dont les généralités sont compensées par un aperçu qui approfondit l'analyse de Le Roy par rapport à la littérature symboliste en général. Giraud perçoit un jeu apparemment contradictoire entre les sensations enfantines du poète et 'les images de la vieillesse et de la décrépitude' (p. 203), où certains vers 'évoquent un étrange Villon,—non pas celui de la belle Heaulmière—mais un Villon puéril,

---

24 Charles Doudelet sera l'autre illustrateur principal: son style 'médiévalisant' se rapproche très sensiblement de celui de Minne.

25 Albert Giraud, de son vrai nom Albert Kayenberg (1860–1929), poète et prosateur, est l'auteur notamment de *Pierrot lunaire* (1884), rendu célèbre par la version musicale d'Arnold Schoenberg (1912). Le travail critique de Giraud a été réimprimé dans *Albert Giraud critique littéraire*, Gembloux, Duculot, 1951.

habillé de bleu, qui viendrait de faire sa première communion' (ibid.).
Image inattendue, certes, mais qui met bien en valeur le côté destruc-
teur du temps tel qu'il est conçu par Le Roy.

La nouvelle édition de 1907

Après un silence de plus de quinze ans, Le Roy revient sur la scène
littéraire avec cette fois, non pas un recueil élégant et artistique, mais
un gros volume de presque deux cents pages, d'aspect ordinaire et qui
ne tient pas compte des soucis fastidieux de 1889. Une lettre au
directeur du *Mercure de France*, Alfred Vallette, nous esquisse l'état
des choses telles qu'elles existaient en juin 1906:

> Cher Monsieur Valette [sic],
> Van Lerberghe m'a dit—il y a quelque temps—que vous seriez
> disposé à publier un volume de vers dont il écrirait la préface. Vous
> proposiez encore de rééditer 'Mon cœur pleure. . .' afin de donner
> au volume les proportions d'un 3.50.
>   Ces conditions et les autres que vous indiquiez dans votre
> lettre, me conviennent en tous points. D'ailleurs 'Mon cœur. . .'
> se trouvant augmenté de bon nombre de pièces, le volume serait—
> pour les trois quarts—inédit et prendrait le titre de la Chanson du
> pauvre.
>   Vous auriez à décider s'il faut suivre l'ordre chronologique ou
> s'il vaudrait mieux placer en tête 'La chanson du pauvre'.
> Personnellement je pencherais pour la première solution.[26]

L'omniprésent Van Lerberghe semble donc avoir approuvé—peut-
être initié—la nouvelle publication, et ce en dépit des réserves que nous
avons vues. L'idée d'une préface, par lui écrite, semble bonne et pour
une fois positive, mais elle tournera rapidement au désastre. Quant au
désir de Le Roy que le volume respecte l'ordre chronologique—c'est-
à-dire, d'abord *Mon cœur pleure d'autrefois*, puis *La Chanson du
pauvre*—il sera contrarié, occultant ainsi les étapes de la composition.
Dans la présente publication, nous donnons toute sa valeur à la

---

26 Archives et Musée de la Littérature, Bruxelles, ML 2172/6. Elle est reproduite, avec
    d'autres lettres relatives à cette édition, dans Jean Warmoes, 'A propos d'une
    "préface" de Charles Van Lerberghe', *Annales de la Fondation Maurice Maeterlinck*,
    XIII, 1967, 54–58.

nouvelle version, en ne gardant que *Mon cœur pleure d'autrefois*, et non seulement pour des raisons d'espace: nous avons voulu présenter l'histoire du développement d'un certain noyau de textes, nous arrêtant à un point qui précède une trop grande expansion.

La disposition du volume de 1907 est donc la suivante: *La Chanson du pauvre* (34 poèmes), suivi de *Mon cœur pleure d'autrefois* (49 poèmes). Dans pratiquement tous les cas, la date de composition de chaque poème est indiquée, d'où il ressort que *La Chanson du pauvre* est bien postérieure, pour la plupart, au nouveau *Mon cœur pleure d'autrefois*: presque tous les poèmes datent de la période 1898–1906. Par contre, *Mon cœur pleure d'autrefois* se voit amplifié de poèmes très largement antérieurs: seuls quatre sont postérieurs à 1889 (trois de 1890, un seul de 1893). D'ailleurs, douze poèmes de *La Chanson d'un soir*, ayant fait saute-mouton sur le premier *Mon cœur pleure d'autrefois*, sont venus s'ajouter au second. En fait, c'est le dernier poème de *La Chanson d'un soir* qui deviendra le premier du nouveau *Mon cœur pleure d'autrefois*, tremplin qui fournira le point de départ pour une nouvelle réflexion autour d'un matériau ancré dans le passé—et que souligne, de façon insistante, la date qui figure à la fin de chaque poème. Le passé ne cesse de revenir, de s'affirmer. C'est le refrain du nouveau recueil, auquel les allusions musicales des titres sont cette fois subordonnées. Tout est très fin de siècle; mais nous sommes en 1907. . .

Paraissant chez un éditeur très connu et dont les tirages étaient importants, *La Chanson du pauvre* attira l'attention des critiques plus que ne l'avaient fait les recueils précédents. Mais s'il s'agit, selon Emile Lecomte, d'un poète ressuscité,[27] la qualité des comptes rendus est décevante: ils ne sont, pour la plupart, 'qu'une amplification des divers sujets qui composent le volume' (Jacob, p. 85). Il va falloir attendre quelques années pour lire des appréciations plus justes et approfondies. En cette année 1907, on retient des qualités générales comme 'tendresse et mélancolie, songerie émue devant les souvenirs. . . une sensibilité rétrospective';[28] ou encore 'mélancolique cantilène célébrant un passé sentimental et légendaire, qui ne fut jamais le présent et qui se reflétait encore dans un pâle miroir d'eaux mouvantes'.[29] Autrement dit, des commentaires d'emprunt qui, par leur manque d'analyse, attestent peut-être ainsi la désuétude du monde poétique de Le Roy.

---

27 C'est le titre de son compte rendu dans *Le Matin de Bruxelles* du 23 mars 1907, p.1.
28 'Chronique littéraire: Grégoire Le Roy', signé 'V.', dans *L'Indépendance belge*, 27 mai 1907, p. [3].
29 Pierre Quillard, 'Grégoire Le Roy', dans *Le Mercure de France*, 16 juillet 1907, p. 225.

INTRODUCTION xxiii

Les quelques critiques ultérieures de Le Roy n'ajouteront pas beau-
coup à ces appréciations générales, mais leur existence prouve que
cette poésie, loin de tomber dans un oubli total, possédait je ne sais
quelles qualités de ténacité. Déjà en 1907, Verhaeren avait établi la
hiérarchie telle qu'elle devait être perçue par la suite:

> Gand, après leur avoir donné Rodenbach, gratifia les lettres belges
> de trois autres poètes: Grégoire Le Roy, Maurice Maeterlinck,
> Charles Van Lerberghe. Ces deux derniers sont de très haute
> valeur.[30]

La position de Le Roy est subalterne, certes, mais les manuels lui
consacrent au moins quelques paragraphes, louant pour la plupart l'at-
mosphère des premiers recueils; en particulier, *Mon cœur pleure
d'autrefois*, 'au titre si heureusement synthétique, [contient] nombre
de pièces où des images de mort et de malheur tamisent la tristesse qui
imprègne toute l'œuvre'.[31] C'est le désormais célèbre 'Passé qui file'
qui est le plus régulièrement cité comme preuve de l'actualité du poète.
Fernand Gregh, s'en souvenant dès 1892, le transcrit en entier au
cours d'une série d'articles sur la poésie contemporaine et affirme qu'il
'a mérité de devenir depuis lors classique'.[32] Ce témoignage est double-
ment précieux: il vient de la part d'un critique qui lui aussi avait
pratiqué la poésie symboliste dans sa jeunesse et qui, étant Français,
ne peut être accusé d'être partial.[33] Finalement, en 1958, Emilie

---

30 Emile Verhaeren, *Les Lettres françaises en Belgique*, Bruxelles, Henri Lamertin, 1907,
   pp. 24–25. Modestement, Verhaeren ne parle pas de lui-même.
31 Henri Liebrecht et Georges Rency, *Histoire illustrée de la littérature belge de langue
   française (des origines à 1930)*. 2e éd. Bruxelles, Vanderlinden, 1931, p. 414.
32 Fernand Gregh, 'Histoire de la poésie contemporaine XII—Symbolistes belges', *Les
   Nouvelles littéraires*, 13 juin 1936, p. 2.
33 Fernand Gregh (1873–1960) est connu surtout pour son livre de souvenirs *L'Âge
   d'or* (Paris, Grasset, 1947). Mais il avait débuté avec de la poésie en 1896 (*La Maison
   de l'enfance*). Il finira par être élu à l'Académie française, les immortels l'ayant fait
   attendre jusqu'à l'âge de quatre-vingts ans avant de le devenir. Une curieuse note
   d'histoire littéraire: Gregh rappelle dans son article des *Nouvelles littéraires* que 'Le
   Passé qui file' avait figuré dans *Le Banquet*, revue éphémère qu'il avait fondée avec,
   parmi d'autres, le jeune Marcel Proust. Coïncidence du thème du passé qui aura de
   l'avenir. . . En réalité, neuf poèmes de Le Roy avaient paru dans *Le Banquet* (juin,
   1892, pp. 97–108). Dans sa présentation, Lucien De Busscher parle d'"œuvres si
   neuves, si subtiles pourtant, malgré une apparente simplicité' (p. 98). De Busscher
   est co-auteur avec Maeterlinck d'un conte intitulé 'Ancilla Domini' (1894), repris
   dans *Introduction à une psychologie des songes*, éd. Stefan Gross, Bruxelles, Labor,
   1985, pp. 44–47.

Noulet, au cours d'un article très perspicace sur 'Le sillage symbo-
liste', fait remarquer que très souvent, chez les symbolistes, le symbole
lui-même 'n'avait nullement la première place. L'influence de la
musique, la libération du rythme, la recherche des thèmes rares ou
raffinés, toujours subjectifs, le définissent peut-être autant'.[34] C'est
une 'écriture post-symboliste' représentée, entre autres, par Grégoire
Le Roy. Cette dénomination peut donc en partie expliquer son style
qui subit 'les influences contradictoires de Verlaine et de Verhaeren,
oscillant entre la subtilité sentimentale et le réalisme pictural' (p. 468).
Il aura fallu plus d'un demi-siècle pour arriver à cette définition simple
mais au fond très juste de l'art de Le Roy.

La préface supprimée de Van Lerberghe

L'apparence physique du volume de 1907 aurait pu être tout autre.
Dans sa lettre à Vallette du 25 juin 1906, Le Roy avait mentionné une
préface qui aurait comme auteur Van Lerberghe. Or, cette préface a
bel et bien été écrite, même si elle ne figure pas en tête du recueil de
1907.[35] Une autre lettre à Vallette, du 23 décembre 1906, raconte une
histoire imprévue et inquiétante:

> Cher Monsieur Vallette,
> Je vous ai télégraphié aujourd'hui pour vous demander de surseoir
> quelque peu à la publication de mon livre et de m'envoyer une
> nouvelle épreuve.
> Comme je vous le disais, hier, je crains d'avoir laissé passer
> quelques erreurs typographiques; mais un autre motif—plus
> grave—m'incite à vous écrire. Un groupe d'amis, tous écrivains,

---

34 Emilie Noulet, 'Le Sillage symboliste', in Gustave Charlier et Joseph Hanse, *Histoire
illustrée des lettres françaises de Belgique*, Bruxelles, La Renaissance du livre, 1958, pp.
467–74 (p. 467).

35 Le manuscrit existe en deux exemplaires (pas totalement identiques, et en partie de
la main de Le Roy) dans le Cabinet Maeterlinck à Gand. En outre, les Archives et
Musée de la Littérature à Bruxelles possèdent une copie tapée à la machine par
Robert Van Nuffel (ML 7349/1). La participation de Le Roy s'explique ainsi: Van
Lerberghe, ayant subi sa première attaque cérébrale, éprouvait par la suite des trou-
bles tant de la parole que de l'écriture. Dans une lettre inédite de juin 1906 conservée
dans le fonds Maeterlinck de Gand et transcrite par Van Nuffel (Archives et Musée
de la Littérature, Bruxelles, fonds Van Nuffel, sans cote), Van Lerberghe demande
à Le Roy de l'aider dans sa tâche de rédaction de la préface, précisant ces difficultés
physiques.

réunis chez moi, m'avaient invité à lire la préface de Van Lerberghe. Cette lecture fut une désillusion énorme et c'est poussé par eux tous que je vous demande si vous tenez à la publier dans le volume. Moi-même, comme je vous l'écrivais naguère,[36] j'avais été fort désenchanté et la trouvais longue, longue, mais jamais je n'aurais osé mettre en question l'opportunité de sa publication—dans le livre du moins. Mais sa lecture, aujourd'hui, fit l'effet d'un désastre; il y eut unanimité pour en demander la suppression. Selon mes amis, c'est la perte du volume, tant elle est inférieure et indigne de Van Lerberghe, tant elle diminue l'effet du livre.[37]

Etat des choses totalement inédit: Van Lerberghe, dont nous avons constaté une certaine arrogance artistique vis-à-vis de Le Roy, s'avère cette fois l'inférieur, et de l'avis de ses pairs. Dans une troisième lettre à Vallette,[38] Le Roy cite l'opinion de Mockel, de Verhaeren et de Maeterlinck: tous sont d'accord pour proscrire la publication du texte de Van Lerberghe comme préface au livre de Le Roy; tout au plus pourrait-il paraître dans le *Mercure de France* comme article.[39]

En effet, la lecture de cette préface 'fantôme' est décevante: elle est décousue, trop longue, pleine de généralités et de redites, et manque singulièrement de structure. C'est un texte qui prend les poèmes (qui sont en outre trop souvent cités *in extenso*) comme tremplin pour l'imagination personnelle du commentateur. Et ces réflexions sont pour la plupart banales: 'On reconnaît la main du poète des Fileuses, des mille choses à demi effacées'; 'Rien de plus vrai, de plus humain que ces beaux vers'; 'Le poème parle toujours en son chant mystérieux et ce qu'il dit ne se voit que dans le silence et le clair de lune.'[40] La raison de cette infériorité critique est facile à retrouver et est déjà indiquée en sourdine dans les lettres à Vallette, où Van Lerberghe est qualifié de 'notre pauvre ami': c'est que la santé de Van Lerberghe était déjà altérée, suite à une première congestion cérébrale; son déclin devait être rapide.[41]

---

36 Cette lettre n'a pas été conservée.
37 ML 2172/7. Voir également Warmoes, art. cit. Souligné dans l'original.
38 ML 2172/8 et Warmoes, art. cit. Elle n'est pas datée, mais doit suivre de près celle du 23 décembre 1906.
39 La préface semble tout de même avoir été mise en épreuves: des indications manuscrites destinées à un typographe l'indiquent.
40 Respectivement, pp. 30, 31, 28 de la dactylographie Van Nuffel.
41 Les circonstances qui entouraient la composition de la préface sont décrites par Trousson, pp. 358–60.

Il y a quand même des endroits de lucidité où de fins aperçus nous offrent une nouvelle perspective critique. C'est surtout le côté pictural qui est développé, d'abord en une comparaison avec les préraphaélites anglais:

> Elles [les figures féminines dans la poésie de Le Roy] ressemblent aux idéales figures de Burne-Jones. On aime à se les figurer sous les traits de cette Beata Beatrix de Rossetti, ou bien en poésie à celles que dépeignit si idéalement Tennyson dans ses *Idylles du roi*, Guinevere, Edith, Maud, la dame d'Astolat.[42]

Van Lerberghe prête ainsi une dimension étrangère à la poésie de Le Roy, accentuant de la sorte son appartenance à une école décadente plus large.[43] Et un autre passage le compare à Böcklin, avec une allusion à 'une image. . . pathétique et grandiose en sa simplicité' (p. 25): il s'agit sans doute de la célébrissime *Île des morts*.[44]

★ ★ ★ ★ ★

Si Grégoire Le Roy, plus d'un siècle après la publication de ses premiers recueils, n'est pas totalement tombé dans l'oubli réservé aux écrivains de second ordre, c'est qu'il était principalement connu dans son rôle de confrère de poètes plus illustres. Le recul critique aidant, il nous est possible d'expliquer le pourquoi de cette indifférence: sa

---

42 p. 12. La comparaison avec Rossetti est répétée p. 29.

43 Mêmes échos chez Maeterlinck: Paul Gorceix fait remarquer que son Moyen Âge imaginaire est 'conforme à la ligne de Burne-Jones ou de Rossetti. Lieu de rencontre à la confluence du monde germanique et du monde latin, la Belgique ne le fut peut-être jamais autant qu'en cette fin du XIXe siècle' (Maurice Maeterlinck, éd. Paul Gorceix, *Serres chaudes. Quinze Chansons. La Princesse Maleine*, Paris, Gallimard, 1983, p. 287). Voir aussi *La Princesse Maleine*, éd. van de Kerckhove, pp. 276–78.

44 Les archives des descendants de Le Roy contiennent une lettre inédite de douze pages de Van Lerberghe qui représente la réponse à une demande de la part de Le Roy relative à ce qu'il faut choisir dans *La Chanson d'un soir* pour être réimprimé dans la nouvelle édition de *Mon cœur pleure d'autrefois*. La lettre n'est pas datée, mais elle doit être de 1905 ou 1906. Van Lerberghe y est beaucoup plus positif qu'on aurait pu le supposer: par exemple, l'omission du 'Rouet de la vie' dans le premier *Mon cœur pleure d'autrefois* est 'incompréhensible. . . Il n'y a guère que [']s'unir des ailes de colombe['] qui me semble trop Saxe' (pp. 2–3). Mais Le Roy a conservé l'expression. 'Celle d'autrefois' est 'Très bien. La strophe 4 adorable' (p. 5). Partout, la critique est modérée et généralement constructive. Cette lettre représente en quelque sorte une 'répétition générale' de la préface qui allait être vouée à l'échec.

poésie se pose constamment les mêmes limites, les mêmes thèmes ne cessent de paraître, il n'y a guère de développement de sensibilité; qui plus est, la versification reste traditionnelle. Mais ces 'défauts' peuvent également être interprétés d'une façon plus positive. Si Le Roy a souffert de la proximité d'auteurs qui allaient rapidement devenir célèbres, il a gardé une homogénéité qui conserve une certaine atmosphère décadente, frêle et évanescente: en ceci, on pourrait dresser un parallèle entre sa poésie et la peinture de Khnopff. Le recueil poétiquement révolutionnaire de Maeterlinck, *Serres chaudes* (1889), a paru entre les deux éditions de *Mon cœur pleure d'autrefois*, et aurait pu être une influence, tant du point de vue de la thématique que de celui de la prosodie, mais il n'en a rien été; et l'engagement social et politique d'un Verhaeren est à mille lieues de l'introversion de Le Roy. Est-il regrettable que celui-ci n'ait pas cherché à imiter ceux-là? Sûrement pas. Le fait que Le Roy ait perpétué jusqu'à l'épuisement un ensemble de topiques fin de siècle donne à son œuvre de la première période les allures d'un manifeste assez complet du décadentisme. Une importante anthologie roumaine de poésie symboliste de 1983 n'avait pas trouvé de place pour Le Roy;[45] dans celle que Patrick McGuinness a publiée en 2001, il y figure.[46] On réimprime le Rodenbach et le Van Lerberghe méconnus. Peu à peu on reconstitue les éléments d'un monde poétique qui s'est désagrégé au fil des ans. Relire Le Roy au début du vingt et unième siècle, c'est compléter notre appréciation d'une école littéraire spécifique mais riche et variée—la 'belle époque' de la littérature belge.

---

45 *Simbolismul european*, éd. Zina Molcuţ et Magdalena László-Kuţiuk. 3 vols. Bucarest, Editura Albatros, 1983. Les auteurs belges choisis étaient Verhaeren, Rodenbach, Van Lerberghe, Maeterlinck, Elskamp et Mockel.
46 *Anthologie de la poésie symboliste et décadente*, éd. Patrick McGuinness. Paris, Les Belles Lettres, 2001.

Les Textes

Ils ont été établis, dans le cas des recueils de poésies, d'après les éditions originales. Les variantes entre les deux éditions de *Mon cœur pleure d'autrefois* ne sont pas signalées, étant mineures (mais les changements de ponctuation donnent quelquefois lieu à un sens différent). Il en va de même de la correction des coquilles. L'orthographe 'rhythme', à l'ancienne, est conservée. Le texte de *L'Annonciatrice* est établi d'après le manuscrit qui se trouve dans les archives des descendants de Le Roy. Son état provisoire a nécessité un certain toilettage, surtout en ce qui concerne la ponctuation et l'agencement physique.

Bibliographie

1. Œuvres de Grégoire Le Roy
Livres:
La Chanson d'un soir. Gand, Louis Van Melle, 1887.
La Chanson du pauvre. Mon cœur pleure d'autrefois. Paris, Mercure de France, 1907.
Mon cœur pleure d'autrefois. Paris, Vanier, 1889.
Articles:
'Georges Minne', *L'Art moderne*, septembre 1890, pp. 307–8.
'Maurice Maeterlinck', *L'Art moderne*, octobre 1890, pp. 357–60.
Manuscrits:
L'Annonciatrice. Collection privée.
Lettre inédite à Verhaeren. Archives et Musée de la Littérature, F.S. XVI 148/678.
Lettres à Alfred Vallette. Archives et Musée de la Littérature, ML 2172/6–8. Reprises dans Jean Warmoes, 'A propos d'une "préface" de Charles Van Lerberghe', *Annales de la Fondation Maurice Maeterlinck*, XIII, 1967, 54–58.

2. Œuvres d'autres écrivains contemporains de Le Roy
MAETERLINCK, Maurice. *Bulles bleues.* Bruxelles, Le Cri, 1992.
——. *Introduction à une psychologie des songes*, éd. Stefan Gross. Bruxelles, Editions Labor, 1985.
——. *La Princesse Maleine*, éd. Fabrice van de Kerckhove. Bruxelles, Editions Labor, 1998.
——. Lettre inédite à Le Roy (1889). Collection privée.
——. *Serres chaudes. Quinze chansons. La Princesse Maleine*, éd. Paul Gorceix. Paris, Gallimard, 1983.
VAN LERBERGHE, Charles. *Les Flaireurs—Pan*, éd. Robert Van Nuffel. Gembloux, Académie Royale de Langue et de Littérature Françaises, 1993.
——. Journal inédit. Archives et Musée de la Littérature, ML 6949.
——. Lettre inédite à Le Roy (1905 ou 1906). Collection privée.
——. Lettre inédite à Le Roy (1906). Archives et Musée de la Littérature, Bruxelles, fonds Van Nuffel, sans cote.

——. Préface inédite (1906). Archives de la Fondation Maeterlinck, Gand.

——. Préface inédite (1906). Copie dactylographiée. Archives et Musée de la Littérature, Bruxelles, ML 7349/1.

VERMEYLEN, Auguste. Lettre à Emmanuel De Bom. Archief en Museum voor het Vlaamse Cultuurleven, Antwerpen, 61077/58–61. Photocopie: Archives et Musée de la Littérature, Bruxelles, fonds Van Nuffel, sans cote.

3. Livres et articles consacrés à Le Roy

DE BUSSCHER, Lucien. 'M. Grégoire Le Roy. Notes littéraires par M. Lucien De Busscher' (avec des poèmes), *Le Banquet*, no. 4 (juin 1892), 97–108.

DONATI, Tiziana. 'L'Opera di Grégoire Le Roy.' Thèse de maîtrise, Università Cattolica del Sacro Cuore, Milano, 1980.

Epîtres (Gand). Numéro spécial consacré à Grégoire Le Roy, mars 1951.

GIRAUD, Albert. *Albert Giraud critique littéraire*. Gembloux, Duculot, 1951.

——. 'Grégoire Le Roy', *La Jeune Belgique*, juin 1889, pp. 202–4.

HEUX, Gaston. *Grégoire Le Roy*. Bruxelles, La Renaissance d'occident, 1923.

JACOB, Marie-José. 'La Vie et les débuts poétiques de Grégoire Le Roy.' Mémoire de licence en philologie romane, Université de Louvain, 1964.

LECOMTE, Emile. 'Un poète ressuscité', *Le Matin de Bruxelles*, 23 mars 1907, p. 1.

QUILLARD, Pierre. 'Grégoire Le Roy', *Le Mercure de France*, 16 juillet 1907, p. 225.

'V.' 'Chronique littéraire: Grégoire Le Roy', *L'Indépendance belge*, 27 mai 1907, p. [3].

VAN NUFFEL, Robert. 'Grégoire Le Roy', *Nouvelle Biographie Nationale*. Bruxelles, Académie Royale de Belgique, IV (1997), 252–6.

VERHAEREN, Emile. *Les Lettres françaises en Belgique*. Bruxelles, Henri Lamertin, 1907.

4. Livres et articles critiques

DRAGUET, Michel. *Khnopff ou l'ambigu poétique*. s.l., Snoeck-Ducaju & Zoon, 1995.

GREGH, Fernand. 'Histoire de la poésie contemporaine XII –Symbolistes belges', *Les Nouvelles littéraires*, 13 juin 1936, p. 2.

LAUDE, Patrick. *Rodenbach: Les Décors de silence*. Bruxelles, Editions Labor, 1990.

LIEBRECHT, Henri et Georges RENCY. *Histoire illustrée de la littérature belge de langue française (des origines à 1930)*. 2e éd. Bruxelles, Vanderlinden, 1931.

McGUINNESS, Patrick. *Anthologie de la poésie symboliste et décadente*. Paris,

Les Belles Lettres, 2001.
MOLCUȚ, Zina et Magdalena LÁSZLÓ-KUȚIUK. *Simbolismul european.* 3 vols. Bucarest, Editura Albatros, 1983.
NOULET, Emilie. 'Le Sillage symboliste', in Gustave Charlier et Joseph Hanse, *Histoire illusttrée des lettres françaises de Belgique.* Bruxelles, La Renaissance du livre, 1958, pp. 467–74.
TROUSSON, Raymond. *Charles Van Lerberghe, le poète au crayon d'or.* Bruxelles, Editions Labor, 2001.

LA CHANSON D'UN SOIR

MA CHANSON.

Mon mal à moi, c'est de souffrir
De tout et de toute souffrance;
Et si ma pâle indifférence
Passe aux Versailles du plaisir
Sans y cueillir la fleur de joie,
J'aime et souffre et je m'apitoie
Sur la plus lointaine des peines;
En cela pareil à des reines
Qui mourraient véritablement
A chaque recommencement
De la ballade qui les chante.
Aussi ma chanson n'est pas folle,
Mais lente, triste, un peu souffrante,
Et si je la chante pourtant,
C'est qu'il me semble qu'en chantant
L'histoire de mon cœur malade,
Mon mal se calme et qu'il s'envole
Et dérive en une ballade.

VOIX LOINTAINES.

Parfois je les écoute encore dans mon âme
Murmurer doucement des paroles d'amour
Ces voix, ces douces voix, toutes ces voix de femme
Que j'entendis un jour.

Mais elles sont si loin! Et si douces, si douces,
Qu'on dirait des jets d'eau pleurant dans le passé,
Ou d'un velours soyeux par de soyeuses mousses
Lentement caressé.

Ce n'est plus maintenant cette liqueur exquise
Que mon âme buvait sur leurs lèvres en feu,
Mais le parfum qui fume encore, dans l'église
Déserte peu à peu.

Elles ont l'éthéré de ces valses lointaines
Qu'on berce vers le soir dans le parc d'un château,
Et l'immatériel de ces amours sereines
    Qui meurent dans Watteau.

Enfin, l'une après l'autre, elles s'en vont de l'âme
Comme un reflet de jour, le soir, va du satin,
Et l'on ne se souvient plus de ces voix de femme
    Mortes dans le lointain.

Paris 1885.

CHANSON D'UN SOIR.

Par les soirs bleus et les nuits brunes,
Je me souviens de mon vieux cœur;
Jc rêve à mes vieilles rancunes,
Et je songe à l'ancien bonheur.

Ce qu'ont laissé de souvenance
Les jours passés, oh! c'est si peu!
Moins de baisers que de souffrance
Et plus d'ennuis que de ciel bleu!

Que de pleurs a pleurés mon âme!
Si peu d'amour et tant de deuil!
Non! Je ne sais plus qu'une femme
Deux fois ait passé sur mon seuil.

Et l'oubli ne clôt pas ses portes. . .
C'est triste de se souvenir
Qu'en soi tant de choses sont mortes,
On voudrait bien aussi mourir.

Castel 1886.

LA JÉROSE.

Sur le Liban doré, dans l'antique Syrie,
Croît une rose étrange au calice divin;
Sèche, elle vit encore et le temps passe en vain,
L'âme reste immortelle en cette fleur flétrie.

Qu'un soir un diamant de rosée ou de pluie
Y tombe, elle se rouvre et fleurit au matin;
Hélas! Mais son éclat sidéral s'est éteint
Irrévocablement et l'arôme l'a fuie.

De même, aux jours mauvais, tu revis sous mes yeux,
Passé dont l'ignorance ensoleillait les cieux. . .
Mais pour perdre bientôt ton sourire enviable;

Car tu n'es plus le même et l'Irrémédiable
A mis sur ton corps froid son inerte pâleur,
Et c'est une douleur encor dans ma douleur.

1884.

LA DERNIÈRE VISITEUSE.

Elle entrera chez moi, comme ma bien-aimée,
Sans frapper à la porte et familièrement,
Ne faisant ni de bruit, ni de dérangement,
Enfin comme entrerait la femme accoutumée.

D'ailleurs, comme déjà la chère le savait,
Elle n'aura pas peur en voyant mon visage
Si pâle et si défait, et bien douce et bien sage,
S'asseoiera sans parler à mon triste chevet.

Et moi, qui dès longtemps suis fait à la pensée
D'être un jour visité par elle, je serai
Sans émoi de la voir, et je la laisserai
Sans dégoût dans sa main prendre ma main glacée.

Lors elle parlera, doucement et très-bas,
Des choses du passé, d'une province chère,
D'une maison bien close et pleine de mystère,
Et de tristes amours que je n'oublierai pas.

Et, maternellement, comme l'eût fait ma mère,
Après m'avoir parlé quelque temps du bon Dieu,
La chère me dira: « Veux-tu dormir un peu? »
Et, content de rêver, je clorai ma paupière.

                                                    Paris 1885.

LA BÛCHE.

Quand la bûche est jetée en nourriture au feu,
Comme un serpent vermeil, la flamme la caresse,
Et son âme en vapeur s'envole avec ivresse,
A peine murmurant, de temps en temps un peu.

Mais la branche bientôt entière est consumée,
Et dans le foyer noir tout ce qui reste encor
C'est un peu de poussière, un filet de fumet
Qui nous font tristement penser aux flammes d'or.

Jusques à ses vingt ans l'on prépare son âme
Au bonheur de la vie; alors vient une femme
Qui nous désire un jour et nous aime une nuit.

L'on souffre doucement et l'on s'en plaint de même,
Mais cet amour s'éteint avec tout ce qu'on aime,
Laissant le Souvenir, cette cendre, et l'Ennui.

                                                    1884.

ROUET DE VIE.

Mon âme tourne sans amour
Le rouet de l'an solitaire;
La nuit efface chaque jour
Sans que je regarde la terre.

Mes yeux sont à jamais posés
Sur les mensonges dont j'abreuve
Ma soif des idéals baisers,
Et de mon cœur ma vie est veuve.

Ma vie est veuve d'ici bas;
Elle est veuve et triste sans doute?
Je ne sais, n'ayant même pas
Remarqué son deuil sur ma route.

Mais je la pressens sans la voir:
Ce doit être une fille sombre,
Aimant l'automne dans le soir,
N'errant qu'aux étoiles, dans l'ombre.

Car n'est-ce pas le soir douteux
Que se cueille dans les pelouses,
Le regard des mensonges bleus
Eclos au seuil des nuits jalouses?

J'aime tout ce qui va finir,
Ce qui défaille et ce qui tombe,
Et j'entends, dans le soir, s'unir,
S'unir des ailes de colombe.

J'aime les chambres de mon cœur,
Où filèrent des mains étranges;
Là, dans un très ancien bonheur,
J'ai vu, je crois, mourir des anges.

Mon âme tourne avec amour
Le rouet des pâles mensonges,
La nuit s'efface dans le jour
Sans me réveiller de mes songes.

1887.

VALLÉE DU CŒUR.

Sur les créneaux rongés des antiques châteaux,
Laisse en paix, cette nuit, clamer les noirs oiseaux
Vers la lune affligée.—Oh! laisse-les, mon âme,
Ce sont des souvenirs.—Et parfois une femme
Qu'on ne reconnaît plus mais dont on se souvient,
Y fait pleurer sa voix, sa pâle voix qui vient
D'on ne sait quel pays lointain de la jeunesse
Pour promener sa lente et sereine tristesse
A travers ces manoirs qu'évoque notre cœur.
Laissons passer la nuit et songer la rancœur.
Peut-être que, demain, les douleurs en allées,
Ce ne seront partout que de claires vallées
Où la virginité des lys refleurira,
Mélancoliquement mais blanche,—et s'en ira
Mon âme, calme alors, à travers ces symboles,
Contemplant dans le soir ses anciennes idoles
Et ses amours lointains qui passeront très lents,
Virginalement blancs entre ces grands lys blancs. . .

Oh! La souffrance bonne et pleine de clémence
Que la mélancolique et lente souvenance!

Paris 1886.

CELLE D'AUTREFOIS.

Je suis celle qui s'est enfuie
De ton cœur, un soir d'autrefois,
Celle qui pleure et qui s'ennuie,
Qui n'a plus de corps ni de voix.

J'étais d'une chair triste et belle
Et si lointaine en sa pâleur,
Qu'à peine il te souvient d'elle
Comme d'une morte en ton cœur.

Ah! c'est que j'étais de la terre,
Que j'aimais la ville et le jour
Et que je t'ai vu solitaire
Avec des songes pour amour!

Pourtant lorsque parmi les hommes
Tu ramènes tes jours brisés,
Je t'aime tant qu'à deux nous sommes
Du souvenir de nos baisers.

C'est que je suis ta prime vie;
Je suis l'amante d'autrefois:
La chair de ta première envie;
Celle qu'en rêve tu reçois.

1886.

RÉSURRECTION.

A travers le passé mon âme se promène,
Ces chemins, je les ai parcourus bien souvent!
Et cependant jamais, jamais auparavant
La désolation qui maintenant, s'y traîne!

C'est comme si depuis cette époque lointaine
Ils étaient délaissés! Oh! quel air décevant
De septembre éternel, dont le froid le vent
Fâneraient à jamais les fleurs sous leur haleine!

Là, jadis, de gais vœux après un temps lointain
Qui, dans ces jours venu, me laisse, hélas! certain
Qu'attendre était meilleur. . . O froid, o monotone

Retour aux arbres morts! Mon âme est tout en pleurs,
Comme un qui sortirait de sa tombe en automne,
Tristement étonné de ne plus voir de fleurs. . .

Paris 1886.

PRIÈRE.

A l'ombre de ma solitude
Longtemps, Seigneur, je fus assis,
Sans regrets, sans inquiétude,
Sans larmes vaines et sans cris!

Mais j'ai vu les yeux des mensonges;
Quelqu'un m'a dit, et je comprends
Que mes songes étaient des songes
Et que c'est en vain que j'attends.

Maintenant que je suis sur terre
Et dans la foule et parmi vous,
Je vois mon âme solitaire,
Je vois mes yeux hagards et fous.

Aussi, mon Dieu! quand je désire
Vous supplier de tous mes vœux,
Je ne sais plus ce qu'il faut dire,
Je ne sais plus ce que je veux.

Oh! rendez-moi les mains divines,
Les yeux divins de mon erreur!
Les mains d'amour, ces mains câlines
Qui ne caressent que le cœur.

Oh! rendez-moi ma solitude,
Son mensonge et son bercement,
Puisque j'ai la douce habitude
D'écouter une voix qui ment.

1886.

A MA CHÈRE MORTE.

Cygne endormi sur le lac d'azur,
Son cœur, Seigneur! était bien trop pur,
N'est-ce pas? et trop pure son âme?

Ses mains étaient trop blanches pour nous,
Et ses gestes trop simples, trop doux,
Trop douce sa bonne voix de femme!

Elle a joint ses mains avec regret,
Car nulle autre ne nous aimerait
Plus autant, plus comme elle, sans doute!

Sa mort fut comme un effeuillement;
Sa vie, une chanson doucement
Murmurée, au loin, sur notre route. . .

Castel 1886.

CHANSON D'UN SOIR.

La paix habitait ma maison,
Je vivais seul mais sans tristesse,
J'étais jeune de ma jeunesse,
Les fleurs naissaient en leur saison.

Mais les jours sont faits de mystère,
De rigueur et d'étrangeté,
Les roses meurent de l'été
Quand il ne pleut pas sur la terre.

Les barques voguent sans amour
Quand la brise s'est ralentie;
Mon âme reste repentie
D'avoir eu trop de joie un jour.

Tout est un peu maudit sans doute,
Le plaisir comme la douleur;
On laisse un regret de son cœur
Dans les auberges de la route.

Un peu maudit, oui, je le crois,
Le destin des choses mortelles.
Car même la gaîté des ailes
De nos moulins est faite en croix.

1886.

MAISON DE MALHEUR.

L'Ennui tisse aux coins de mon cœur,
Comme des toiles d'araignées,
De grandes ombres imprégnées
Du souvenir de mon malheur.

Oh! la demeure solitaire,
Sans espérance et sans amour,
Où la Douleur s'assit un jour
Comme une sœur mystique et chère!

O la triste, triste maison!
Le silence en devient le maître;
Toutes les larmes de son être
On les y pleure sans raison.

Parfois notre âme, elle est trop pleine,
Oh! fuir alors! Mais c'est en vain!
On a tant pleuré qu'à la fin
L'on ne peut vivre sans sa peine.

Les pleurs font aimer la prison.
Ne sortez pas, c'est inutile,
Vous seriez comme un qu'on exile,
Regrettant la triste maison.

Car vous avez pris la coutume,
Le ciel pur vous serait mortel!
De respirer l'ambre et le sel
D'un air saturé d'amertume.

1886.

VERS L'OUBLI.

Que de barques déjà, car mon cœur est très-vieux,
S'ennuyant de la rive, au loin s'en sont allées!
Que d'ailes, et si loin de la grève envolées!
Ma vie est seule et triste ainsi qu'un soir d'adieux.

Oh! Regarder parfois là-bas d'où l'on arrive!
C'est si doux cette fuite et cet éloignement
Sans rames et sans rhythme et porté seulement
Sur du temps et du rêve! Oh! vivre à la dérive!

Etre pour l'oublier, comme un beau soir d'été,
Impassible et voilé, la vie un clair de lune!
Et puisque l'espérance au calme est importune,
Se souvenir très vaguement d'avoir été. . .

Castel 1886.

REFRAIN DOLENT.

Mon cœur est gai, mon cœur est triste;
Il veut aimer et ne veut pas;
Car il est las, il est très-las. . .
Mais doucement l'amour insiste.

Il insiste et me parle bas
Des mots rêvés et puis des choses
Vraiment si lasses et si roses
Qu'il veut quand même. . . et ne veut pas.

Et puis l'hiver! Et dans la rue,
Reproche amer d'être dehors,
La bonne gaîté des décors
Dans la chambre claire apparue!

Comment désenlacer son cœur,
Frileux d'une chaude caresse!
Et puis je n'ai que la paresse
De cet amour qui me fait peur.

Mon cœur est gai, mon cœur est triste,
Il veut aimer et ne veut pas;
Car il est las, il est très-las. . .
Mais quand même l'amour persiste.

1887.

CHANSON.

Eloigne, oh! ces lèvres encore
Jadis si doucement parjures;
Et ces yeux, ces aubes impures,
Lumières abusant l'aurore.

—Mais rends-moi mes baisers donnés,
     Pauvres baisers!
Sceaux de l'amour en vain signés,
     Sitôt brisés!

Cache ces collines de roses,
Cache, oh! les neiges de tes seins,
Et leurs roses qui sont écloses,
Comme un Avril en des jardins.

Oh! mais rends-moi d'abord mon cœur,
     Mon pauvre cœur
Captif aux neiges de ton cœur!
     Rends-moi mon cœur.

1887.

CHANSON DE LUNE.

Mon cœur est à toi
Sans attendre aucune;
Mon cœur est à toi
Mon âme à la lune.

J'ai gardé l'amour
Sans t'avoir encore;
J'ai gardé l'amour
Comme au premier jour.

Toi je t'ai perdue!
Je viens te prier
Et te supplier
Toi que j'ai perdue!

Prends pitié de moi,
Ma peine est mortelle!
Ne sois pas cruelle,
Prends pitié de moi!

Vois, je te rapporte
Mon trop fol adieu;
Ouvre-moi ta porte
Pour l'amour de Dieu!

1887.

VUE DE VILLE.

Roucoulements très doux, très lents,
Et plaintes de moutons bêlants,
Et chants de coq et cris de poule,
Et voix de peuple qui se saoule.

Au haut des toits des paons chantants;
Des pleurs d'enfants que l'on entend,
Et cris de mère qui les gronde
Là-bas, dans une cour immonde.

Voix de bêtes et voix de gens,
Et de vendeurs et d'indigents,
Et quelquefois d'une gouttière
De l'eau qui tombe en la rivière.

Rivière où se mirent très peu
Les maisons au toit rouge ou bleu,
Et les fenêtres sont fleuries
De fleurs malades et flétries.

Et des bruits du matin au soir
De choses que l'on ne peut voir;
Et des appels de voix sonores
Meurent dans les eaux incolores.

Dans les eaux sales, dans les eaux
Tristes, stagnantes, sans échos,
Où pleurent, des maisons croulantes
Des eaux invisibles, très lentes.

Jamais de barques, des pontons
Vermoulus, rivés aux maisons. . .
C'est un quai de l'ancienne ville,
Ayant cent ans, peut-être mille.

1887.

CANTIQUE.

J'ai fait de mon amour comme une solitude
Où plus rien qui leur soit étranger, ne distrait
L'humble adoration et le culte secret
Qui me sont devenus une douce habitude.

Cantique de prière et d'adoration
Mon amour vous implore et vous chante un hommage
Pour vos rares beautés, ô vous, de qui l'image
M'a laissé pour toujours cette âpre passion.

Car vous êtes vraiment la femme entre les femmes!
La lampe de mon cœur, ce ténébreux réduit;
Et les regards pensifs de vos yeux pleins de nuit,
M'évoquent les clartés et les ombres des âmes.

La courbe de vos chairs, vos gestes gracieux,
Me disent la mesure élégiaque et grave
Des rhythmes oubliés et la marche suave
Des parfums qui s'en vont, en été, vers les cieux.

Votre voix où j'entends les musiques bénies
Que ce monde nerveux peut encore écouter,
M'ont laissé deviner ce que l'on doit goûter
En entendant au ciel les saintes harmonies.

Et puisque les parfums les plus fins, les plus chers,
Que se brûle en un jour l'Afrique parfumée,
Ne valent pas, pour moi, l'odeur que j'ai humée
Et que laisse dans l'air la rondeur de vos chairs;

Et puisque la splendeur très douce de l'étoile
Et l'éclat bienfaisant des beaux soleils d'été
Me sont moins précieux que la chère clarté
Qu'épandent vos regards et qu'une larme voile,

Soyez l'odeur qui traînera
Sur le chemin où passera
La douleur de mon existence,
Et qui m'embaument pour toujours
D'inassouvissables amours
Me sauvera de l'inconstance!

Soyez le rhythme que tout bas
Mon cœur silencieux et las
Entendra résonner sans trève,
Et qui, par son enchantement,
Le conduira très doucement
Aux pays adorés du rêve!

Soyez la musique pour moi,
Eveillant un nouvel émoi
Dans mon cœur calme et sans envie;
Soyez l'étoile de mes nuits,
Et le soleil pour mes ennuis,
Soyez ma lumière et ma vie!

ÉGOÏSME.

L'homme ne peut aimer sans être puni,
Car il songe au passé de celle qu'il adore,
Et croit que dans son âme elle conserve encore
Le souvenir caché d'un autre amour fini.

Pour qu'il soit à l'abri de cette âpre torture,
De ce soupçon qu'hélas! n'efface aucun serment,
Il aurait dû lui-même élever lentement
Au mystère d'aimer une enfant vierge et pure.

Et tandis qu'il veut, lui, l'amour dans la candeur,
De l'une à l'autre femme il a traîné son cœur,
Gardant la passion dont il change l'enseigne.

C'est le Roi des Amants, Ronsard, qui vous l'enseigne,
Que ce soit ou Marie ou Suzanne, son nom,
Le poème et l'amour sont les mêmes au fond.

LA VIEILLE CHANSON.

C'est la vieille chanson, mon âme,
Du clair de lune dans le cœur:
La romance dont j'ai si peur,
Tous les mensonges de la femme.

C'est la chanson de l'autre jour,
Tu te souviens de quelle peine:
La trahison sûre et prochaine,
Beaucoup de mal pour peu d'amour.

Oui, la complainte recommence,
Et la souffrance, la voilà!
Mais elle est douce, écoutons-la,
Ecoutons la triste romance. . .

SOLITUDE.

Je porte mon amour comme une âme sa peine
Et pourtant je me dis de souffrir plus encor,
Que je serais sans lui comme un agneau sans laine,
Et comme un pauvre aussi dans une chambre d'or.

Car enfin, lui perdu, que me resterait-il?
Un peu de peine en moins pour un peu plus de peine;
Et seul pour achever la route encor lointaine,
Sans une amie, ingrate même, en mon exil!

Or, il est de ces soirs où, sans la souvenance,
Je crois qu'on mourrait bien de son esseulement,
Ces soirs où l'on se dit, en parlant du silence:
Me voilà donc tout seul, et pour toujours! Vraiment!

Certe il vaut mieux encor pleurer beaucoup par Elle!
Et pouvoir l'évoquer parfois auprès de soi,
Et l'entendre narrer, la chère si cruelle,
Des jours où l'on avait l'amour avec la foi.

Car c'est bon de se dire, et même salutaire,
Que la chambre ne fut pas toujours solitaire,
Et qu'en la chaise vide et seule que voilà!
Quelqu'un du moins s'assit qui depuis s'en alla. . .

POUR ELLE.

Des mots! Que sont les mots? Rien n'est vrai que ta lèvre
Et ses baisers d'eau vive aux brûlures de fièvre
Que je rêve à mon front! Mets tes yeux sur les miens,
Tes regards dans mes yeux! Et les miens dans les tiens!
Ta bouche sur ma bouche, et tes parfums d'automne
Autour de mon cœur las. . .
                      Et pardonne, oh! pardonne
A la flèche de feu qui te perce le cœur!
Tu m'es, à moi, comme à l'amour est la douleur.
Mais qu'importe! Nos yeux pleureront leur rosée;
Des larmes cependant! Plus haut que la pensée,
Plus puissante que nous, la volonté de Dieu
Sépare notre amour par un buisson de feu
Et par son eau des pleurs, la plus, certes, mortelle;
Pourtant, tout séparés que nous sommes par elle,
Nous pouvons écouter, là, sous nous, près du bord,
Passer, et doucement, l'eau d'amour, l'eau de mort,
Impénétrable et triste, et si lente et si lasse. . .

Entends-la fuir, hélas! Ecoute-la qui passe!

CANTILÈNE.

Qu'est-il pire sur terre
Que de souffrir d'amour?
Quelle peine aussi chère
Pourtant que cet amour?

Elle est douce, elle est lente
Et calme et consolante
A notre âme dolente
Où s'attriste l'amour.

Chose étrange quand même
Qu'une peine qu'on aime
Et que l'amour lui-même
Console de l'amour?

Car dites à cette âme
Que tourmente la femme,
Là, prenez ce dictame,
Qui guérit de l'amour...

Elle dira, la folle
Non, je veux que l'amour
Me peine et me désole
Sans que l'on m'en console.

Oh! l'étrange mystère
Rien n'est pire sur terre,
Et pourtant on préfère
Sa peine et son amour!

Paris 1886.

LES NOËLS ÉTEINTS.

C'est l'heure de mon cœur, et le soir sur le monde
Joint ses mains de sommeil, ses ténébreuses mains;
C'est l'heure doucement où se rêve la ronde
Des vieilles de légende et des mystiques nains.

Entendez-vous là-bas, là-bas dans ma pensée,
Les aïeules conter de fabuleux récits?
Comme un silence d'aile et de branche froissée,
Le passage muet sur l'ombre des esprits?

Je vois, dans les maisons anciennes de mon âme,
La veille des petits devant le feu ronflant;
Ils entendent de rêve une très vieille femme
Et le vent qui dans l'ombre erre rhythmique et lent.

Ce sont de très vieux soirs dans de vieilles chaumières;
Ce sont de vieux hivers qui neigent au dehors. . .
Alors dans la douceur tremblante des lumières,
Doucement, doucement, ô mon cœur, tu t'endors. . .

La vieille parle au loin et l'histoire s'achève
Au loin, dans un manoir, comme une fin de jour,
Tandis que dans un coin très vague un rouet rêve,
Comme un cœur de princesse exilé de l'amour.

O douceur, ô langueur! Ce souvenir de choses
Qui ne furent jamais, pour nous, qu'un souvenir!
O jours si peu vécus, si plaintifs et si roses!
Et morts! Si douces morts qu'on en voudrait mourir!

Jadis, dans notre enfance, un prince, une princesse
Que nous pleurons parfois, et combien rappelé
D'amour et de regret! quelqu'un de la tristesse,
Quelqu'un de bien aimé! quelqu'un s'en est allé!

Castel 1886.

MON CŒUR PLEURE
D'AUTREFOIS
(1889)

Les Mortes fileront leurs fuseaux de vieil or
Sur l'éternel sanglot d'un rouet pitoyable.

SON ÂME

Afin d'entendre ses fallaces
Et ses menteuses espérances,
Et les ressouvenances lasses
Qui closent les vieilles souffrances,

Mais sans pardonner au malheur
Qui fana la fleur de son cœur,
Quand elle vint s'asseoir, en peine,
Auprès du soir, comme une sœur,

Le soir, émané de la plaine,
Du lac & de la solitude,
S'épandit en son pauvre cœur,
Comme une peine dans sa peine.

Et son âme, par habitude,
N'est plus aujourd'hui qu'une grève
Où toute veuve, dans son rêve,
Viendrait pour mirer sa douleur.

LES FABLES DE L'ÉCRAN

Sur les moires & le velours,
Mystérieusement les reines
Brodent en fabuleuses laines
Les chimères de leurs amours;

Mais leurs rêves de jeunes filles,
Si loin des mains qui vont au mal,
O Lune! tu les éparpilles
En étoiles vers l'Idéal;

Et leur virginité s'oublie
Parmi les lacs & les étangs,
Et la voilà, pauvre Ophélie,
Toute en des fleurs de l'autre temps. . .

Nul ne sera Celui des peines,
Celui du rêve & de l'espoir
Que les belles ont, quelque soir,
Laissé mourir près des fontaines.

LOHENGRIN

Au loin, des ballades meilleures
Closent mes yeux extasiés,
Et je m'endors vers d'autres heures
Sur des seins d'amours oubliés.

Le Cygne de mon rêve entraîne
Mon cœur tristement ébloui
De n'avoir plus toute sa peine
Loin du rivage évanoui.

Et dans l'oubli de la nuit noire
Qu'il trouble en ce lac de mes jours,
Le Cygne vague par la moire
Attiré vers les voix d'amours,

Tandis que la lune hivernale
A mis sa fleur, sa froide fleur
De givre & sa chimère pâle
Sur le bleu vitrail de mon cœur.

CELLES DE LA NUIT

Aux bords opalisés de lune
Et déserts d'adieux éternels,
Nous errons, seules, une à une,
Veuves des lys spirituels;

Et nos mains, à jamais marries,
Sont oublieuses des fuseaux,
Fleurs nonchalantes & flétries,
Nénuphars exilés des eaux.

L'amour a blessé toute envie;
C'est pourquoi telles nous voici:
Immarcessibles à la vie,
Comme mortes déjà d'ici.

Tocsin de cloche, appel nocturne,
L'espoir du cœur a tu sa voix;
Nos lasses mains ont brisé l'urne
Dans quoi nous buvions autrefois.

Là, sous des robes nuptiales
Dont nul n'entr'ouvrira l'orgueil,
Voilant le mal qui nous fit pâles,
Nous illuminons notre deuil,

Et contemplons, bien résignées,
Passer sur l'eau de nos douleurs,
Les barques folles, mais signées
Du souvenir de nos pâleurs.

COMMÉMORAISON

Tant d'abandon & solitaire
Etait ma chambre en ce soir-là,
Qu'un peu de sommeil salutaire
En souvenance m'exila;

Et les belles effarouchées
Revinrent aux fuseaux heureux,
Troubler le rêve poussiéreux
De leurs ballades desséchées.

Leurs lasses mains, candidement,
Etaient peureuses que tout signe
Ne fût à mon rêve d'amant
Comme une caresse de cygne;

Et leurs voix étaient spéciales
Du rhythme de tous les mensonges,
Fleurs héraldiques & royales
Aux manteaux d'azur de mes songes.

MUSIQUE D'OMBRE

Un peu de musique incolore,
Afin d'éterniser ce soir,
Et qu'il revive & dure encore
Aux tristes nuits de nonchaloir. . .

Résonnance lunaire & lasse,
Eclose d'ombre dans le rêve,
Et dont la phrase ne s'achève
Pour qu'à jamais elle s'efface. . .

Oh! doucement! Loin de mes yeux!
Un peu vers le cœur, mais dans l'âme. . .
Près de l'amour, loin de la femme. . .
Que je m'en sente un peu plus vieux!

D'où vient ce baiser d'inconnue
Que ma lèvre n'a pas rendu?
Elle s'en va, la bienvenue!
Elle s'en va! Tout est perdu. . .

Tout est pourtant bien dans cette heure:
La mélodie éteinte en l'ombre,
Et plus de rhythme & plus de nombre
Et qu'elle meure. . . & qu'elle meure. . .

LES PORTES CLOSES

O vous, chères, que j'ai connues
Et qu'aux jours tristes je revois,
Vous voici, ce soir, revenues,
Car mon cœur pleure d'Autrefois.

Quand, me rappelant vos caresses,
Je pense à celles qui viendront,
Mes mains sont lourdes de paresses,
Je ne tends même plus mon front.

Car c'est vous seules que j'écoute,
Qui, dans le crépuscule aimé,
De vos voix où tremble le Doute,
Chantez en un palais fermé.

Moi, j'attends qu'à travers la porte
Close par mon fol abandon,
Votre chanson de deuil m'apporte,
Un peu de rêve & de pardon. . .

Oui, c'est vous seules, vous lointaines,
Dont me revienne encor la voix,
O vous toutes qui fûtes miennes
Dans l'inoubliable Autrefois.

Là, vous êtes dans l'ombre, seules,
Telles que vous m'apparaissez
Déjà semblables aux aïeules,
Parlant de très lointains passés;

Et j'entends vos voix paresseuses,
Si douces que j'en souffre un peu,
Comme un chœur de tristes fileuses,
Assis, un soir, autour du feu.

VOIX LOINTAINES

Celui qui n'a pas tout mon cœur
Ne saura rien de ma pensée:
L'âme qui n'est pas la sœur,
La sœur jumelle de mon âme,
N'entendra rien à ma douleur.

Ma vie en deuil, comme une femme
Qui pleure longtemps, s'est lassée
Et mon âme, discrète & pâle,
N'est plus qu'une chapelle close
En un cimetière oublié.

Nul genou, sur la blanche dalle,
Depuis longtemps ne s'est plié,
Et c'est, à l'heure où toute chose
Se transpose un peu de mystère,
Dans la chapelle solitaire,
Une musique liturgique
Si profonde & si vespérale
Et si lointaine de la terre,
Une musique qui s'exhale

En l'âme close d'un cantique:
Des voix de filles inconnues
Et de simples congréganistes;
Des voix on ne sait d'où venues,
Mais si pénétrantes, si tristes!. . .
Et l'orgue un peu les accompagne. . .

Et c'est le soir dans la campagne.

HALLALI!

Hallali! Hallali! Je suis le cor qui pleure,
Attristant l'horizon du soir;
Qui se lamente & peine l'heure
D'inconsolable désespoir. . .

Hallali! Hallali! Mon âme sur la tour
Corne solitude & détresse;
Oh! que me vienne un peu d'amour,
Pour ensevelir ma tristesse. . .

Hallai! Hallali! Les blanches châtelaines
Ont quitté le triste manoir;
Hallali! Holà! Vers les plaines
Mon cor pleureur, & vers le soir. . .

Hallali! Je suis seul dans le soir de mes jours;
Pleurez mon pauvre cor sonore!
Holà! Quelqu'un des alentours,
Oyez mon cor qui vous implore. . .

Hallali! Hallali! Oyez le cor qui pleure,
Attristant l'horizon du soir;
Qui se lamente & peine l'heure,
Qui peine l'heure vers le soir.

SOLITUDE

O seule, & triste, & d'âme sombre!
Tout s'enténèbre autour de moi,
Et le soir, me hantant d'émoi,
Met à mes yeux la mort de l'ombre.

Et j'ai peur de ma voix, j'ai peur;
Son aile cogne le silence,
Et ma complainte humaine offense
Les coins solitaires du cœur.

Je n'ose plus filer. La laine
S'englue après mes pauvres doigts,
Et c'est l'âme de l'Autrefois
Dont je me narre de la peine.

Dehors, sous la nuit qui s'amasse,
Et sur les grands étangs du soir
Les cygnes s'endorment de noir,
Et leur lueur au loin se glace.

O nuit! Clarté de l'Autrefois!
Tout s'illune de ton mystère;
Que je suis seule sur la terre,
Que je suis seule dans ma voix!

Oh! j'ai peur de la nuit, j'ai peur!
L'immensité porte rancune.
Ouvrez la porte au clair de lune,
Mon Dieu! dans mon si pauvre cœur.

ÉCHOS DE VALSES

Valses d'antan, valses muettes!
Rhythmes bercés aux jardins d'Autrefois. . .
Cloches d'antan, minces, fluettes.
Fuite d'échos qu'en mon âme je vois. . .

Choses d'antan, subtilisées:
Chambre déserte où se fane un parfum. . .
Choses d'amour, éternisées:
Fleur de baiser qui s'effeuille en chacun.

Voix du passé, voix incertaines,
Comme un écho de refrains bien connus;
Voix qui s'en vont loin, et lointaines,
Bons souvenirs, en allés, revenus. . .
Rhythmes en rond d'escarpolettes!
Valses d'antan. . . Pourquoi muettes?

OÙ S'EN VONT LES CHEMINS

Par le vitrail, du haut de son manoir,
La belle enfant, la douce châtelaine,
Voit, là-bas, sur les routes, dans la plaine,
Un peu d'automne pourpre, un peu de soir.

Oh! ces chemins & ces routes lointaines!
Les bien aimés s'en sont allés par là. . .
Oh! les chemins! Tout ce qui s'en alla,
Ne nous laissant que regrets & que peines. . .

La douce enfant! Dans son regard profond,
Si lointain de regrets & de pensées,
C'est la douceur des pauvres délaissées
Et leur douleur pour ceux-là qui s'en vont.

Oh! les chemins! Ils s'en vont de notre âme
Et s'enfoncent là-bas, dans le passé. . .
Comme on est seul! Comme on est délaissé!
La souvenance appelle & nous réclame.

La pauvre enfant! Dans le soir de ses yeux,
Etoile d'ombre, un pleur vient à paraître. . .
Oh! les chemins! Et c'est, dans tout son être,
Comme un qui part & comme des adieux. . .

O les chemins! Les routes désolées!
On voit toujours quelqu'un du souvenir,
A l'horizon s'en aller & partir,
Partir au loin des heures envolées.

La pauvre enfant! Dans ses yeux il fait noir.
Le soir tombé rêve de l'heure morte. . .
Tous les aimés ont dépassé la porte,
Et, dans son cœur, il tombe un peu de soir.

LA CHEVAUCHÉE

A l'horizon des grises plaines
De mes pensers & de mes peines,
Là-bas, vers ce morne lointain
De lune sur des brumes pâles,
Oh! ce galop triste & sans fin!
Ce galop de blanches cavales!

Et mes princesses nuptiales,
Déjà lointaines, vespérales,
Les belles-au-bois de mon âme,
Ces inoubliables d'amour,
Vers qui mon cœur se plaint & brame
Pour un inutile retour;
Celles de là, mes Walkyries,
Toujours plus pâles & plus pâles,
Chevauchent, au loin des prairies,
Le galop des blanches cavales.

NUIT D'ÉTÉ

Vos longs baisers de lune, épandus sur les temps
    Comme des mains impériales,
Me font mourir de vous, ô les nuits nuptiales,
    En l'Invisible que j'attends.

Viendra-t-elle avec vous, jeune & pâle des songes
    Soufferts en vos lascivités?
Viendra-t-elle au palais funèbre des mensonges,
    Comme l'Ange des vérités?

Qu'elle soit votre sœur pour ses yeux de pensée
    Et que sa lèvre au goût de miel,
Entr'ouvre à l'infini de mon attente, ô ciel!
La chambre où, dans mon cœur, la lune s'est glissée.

SOIR

Dors en mes yeux, songe irréel de femme,
    Loin de ma chair, loin de mes mains;
    Songe en mes yeux, dors en mon âme,
Visible en mes seuls & tristes chemins.

Que le secret abaisse sa paupière
    Sur ton être à la mort pareil,
    Et que nul n'entr'ouvre la pierre
Qui scelle au jour ton vespéral réveil.

Ombre des nuits seules et boréales,
    Dans ma douleur reviens t'asseoir,
    Et que les heures musicales
Larment de lys le grand silence noir.

LES ROUETS

C'était Celle des nuits anciennes & secrètes,
Dont les petites mains berçaient si bien le cœur;
Dont les durables mains, de leurs chaînes muettes,
Me liaient à jamais à tout ce vieux bonheur;

A ce malheur de la maison inoubliable,
De la maison fatale, où, bien des soirs encor,
Les Mortes fileront leurs fuseaux de vieil or
Sur l'éternel sanglot d'un rouet pitoyable. . ...

Et, dans la chambre de mystère où je l'oublie,
Parmi les souvenirs dédorés d'autres jours,
Morte, oh! morte elle est là, mais non ensevelie,
Et je ne puis rouvrir la maison des amours.

Las! Hélas! J'y laissai cette âme de ma vie,
Et ma force d'aimer. . . J'y laissai tout mon cœur.
Et les pâles rouets y filent, à l'envie,
            De la douleur, . . . de la douleur.

LES CYGNES

Sur le pâle étang de mon rêve,
Sur ces eaux mourantes, parfois
Sinistres de l'étrange voix
Surnaturelle qui s'en lève;

Sur l'étang du rêve, tout blancs,
Les Cygnes lents de la légende
S'en viennent, & l'on se demande
De quel mystère ils sont si lents?

Pour quels secrets, quelles histoires
De chambres d'or & de manoirs,
Que des soirs, de fabuleux soirs
Nous voilent de leurs ailes noires?

Et pourquoi si fière & si grande,
L'attitude de ces oiseaux?
Si superstitieux, ces eaux
Et ces Cygnes de la légende?

Voyez! Oh! voyez, des colombes
Volètent autour de leur front!
Pourquoi penser qu'ils s'en iront
Vers l'autre monde & vers les tombes?

MISÈRE

Depuis que le palais de mes songes
Et de mes amours, fut dévasté
Par le peuple jaloux des mensonges,
Je traîne ma pâle royauté.

Je suis l'étrange indigent de rêves,
Ce mendiant d'anciens parfums,
L'exilé des faméliques grèves,
Qui prie aux routes des temps défunts.

Et vous, passantes en ma misère,
Si mon amour vous implore, il ment
Car mes mains pauvres sont en prière
D'un peu de souvenir seulement.

CRÉPUSCULE D'AMOUR

Oh! que de crépuscule en moi-même!
Quelle douce pénombre équivoque!
C'est le meilleur des temps où l'on aime,
Le meilleur de l'amour qui s'évoque.

Comme en une eau terne & vespérale,
Dans le miroir de mes souvenances,
Elle toute, un fantôme très pâle,
Apparaît à travers mes souffrances.

Certe, elle est douce ma solitude!
Et douce aussi la paix de mon âme!
Mais je suis triste de l'habitude
De l'avoir aimée, elle, la femme!

Après les adieux & la rancune,
L'amour ne t'a pas fermé sa porte,
Et me voilà! Je t'aime comme une
Qui serait lointaine & comme morte.

Oh! oui qu'il pleuve encore, qu'il pleuve
En moi, le regret des bonnes heures,
Et qu'encore mon âme s'émeuve
De tristesses pour toi, les meilleures.

Encore un peu de ce crépuscule,
De cette pluie & de cet automne,
De cette rancœur qui me recule
Vers ma vie abolie & si bonne!

ÉCARTE DE MON CŒUR

Ecarte de mon cœur tes chères mains maudites,
Et tes cheveux de mal qui m'oppressent encor
D'amour qui se regrette. . . Au loin j'entends le cor
Qui chante au fond des temps les caresses proscrites. . .

Tu ne cueilleras plus du moins ces lys de nuit,
Lys ténébreux et blancs, fleurs de mort & de lune,
Dont mon âme hivernale, en givre de rancune,
A gelé ta fenêtre idéale qui fuit.

Vois cette floraison chimérique, inutile,
De mon rêve exilé du Temps à tout jamais;
Songe au pauvre qui pleure au pied de ton palais,
Oh! & file en regrets le Souvenir stérile. . .

AIR DE GUITARE

Je chante un amour de ballade
Sans rancœur & sans trahison,
Un amour de vieille chanson,
Dont mon pauvre cœur est malade,
Bien malade. . .

Il est dans les refrains anciens
Rempli de leurs plaintes fatales,
Dans les chansons sentimentales,
Et les vieux airs que l'on fait siens;
Je m'en souviens.

Il est dans toutes les tristesses
De viole et d'accordéons,
Et le meilleur que nous ayons,
Sont ses rêves & ses faiblesses,
Et nos faiblesses;

Amour des aimés radieux
Qui vont, les soirs de clair de lune,
Avant le temps de la rancune,
Avant l'époque des adieux,
        Tristes adieux!

Amour de tous ceux de la terre,
Qui s'aimèrent aux temps passés,
Amour des pauvres trépassés,
Celui d'hier & de naguère,
        Et de naguère. . .

Amour au fond de nos amours;
Un peu plaintif, un peu malade,
Un peu mesquin, même un peu fade,
Qu'on a dans soi depuis toujours,
        Et pour toujours. . .

Amour, vieil amour de ballade,
Qui n'a jamais été, jamais!
Amour de vieille chanson, mais
Dont mon pauvre cœur est malade,
        Bien malade. . .

MAISON D'AMOUR

C'est dans la ville d'espérance,
Endormie au fond des remords,
Comme au fond d'un jardin d'automne,
C'est dans l'oubli de la souffrance
Et du passé qui me pardonne,
Comme on est pardonné des morts;
A l'ombre d'un peu de mystère,
Et plus seule et plus solitaire
Parmi sa grille à jamais close
Pour ceux qui viennent de la terre:
C'est la maison de toute chose,
La mystique maison d'amour:
Et parfois, quand se meurt le jour,
De ses fenêtres demi-closes,
Des romances douces et graves
Et si célestement suaves,
Qu'on a peur de tant de langueur,
Tombent parmi ces pâles roses,
Sur des souffrances inécloses. . .
Et l'on sait que c'est le bonheur
De deux mains à jamais fidèles
Aux promesses inoubliées,
Deux âmes à jamais liées
Par des caresses éternelles.

LES ANGÉLUS

Cloches chrétiennes pour les matines,
Sonnant au cœur d'espérer encore!
Angelus angélisés d'aurore,
Las! Où sont vos prières câlines?

Vous étiez de si douces folies!
Et chanterelles d'amour prochaine!
Aujourd'hui souveraine est ma peine,
Et toutes matines abolies.

Je ne vis plus que d'ombre et de soir;
Les las Angelus pleurent la mort,
Et là, dans mon cœur résigné, dort
La seule veuve de tout espoir.

VISION

Dans la misère de mon cœur,
Dans ma solitude et ma peine,
Dans l'immémoriale plaine
De mon passé tout en douceur,
Sous un peu de lune d'amour,
Par une pâle fin de jour,
Trois blanches filles taciturnes,
Plus ténébreuses, plus nocturnes
Que la polaire et vaine plaine,
Trois blanches filles ont passé
Sur un peu de lune d'amour. . .

Et c'est cela tout mon passé.

LE PASSÉ QUI FILE

La vieille file et son rouet
Parle de vieilles, vieilles choses;
La vieille a les paupières closes
Et croit bercer un vieux jouet.

Le chanvre est blond, la vieille est blanche;
La vieille file lentement;
Et pour mieux l'écouter, se penche
Sur le rouet bavard qui ment.

Sa vieille main tourne la roue,
L'autre file le chanvre blond:
La vieille tourne, tourne en rond,
Se croit petite et qu'elle joue. . .

Le chanvre qu'elle file est blond;
Elle le voit et se voit blonde;
La vieille tourne, tourne en rond,
Et la vieille danse la ronde.

Le rouet tourne doucement
Et le chanvre file de même;
Elle écoute un ancien amant
Murmurer doucement qu'il l'aime. . .

Le rouet tourne un dernier tour;
Les mains s'arrêtent désolées;
Car les souvenances d'amour,
Avec le chanvre, étaient filées. . .

RONDE DE VIEILLES

Petites vieilles, mes pensées,
Il neige, il tombe du lointain,
Un peu de mort et d'incertain
Sur toutes les choses passées.

En moi, pourquoi cette froidure?
Et ce calme et ces longs hivers?
Et ces lugubres ciels couverts?
Et cet hiver qui dure et dure?

Petites vieilles inutiles,
Faites du feu de vos passés,
Et de tous ces roseaux cassés,
Et de tous ces rêves stériles,

Les souvenirs de toutes sortes,
Brûlez-les comme du sarment,
Et chauffez-vous très longuement
Au petit feu des branches mortes.

Parlez-vous bien, dans vos souffrances,
De ces bons jours de l'Autrefois,
Et videz encor de vos doigts
Les fuseaux bleus des souvenances.

Et quand la nuit, la nuit pleureuse,
Dans la chaumière se fera,
L'une de vous rallumera,
Comme une lampe un peu fumuese,

Oh! pourquoi faut-il que je pleure
De n'en avoir oublié rien?
La souvenance, la meilleure,
De Celle que vous savez bien. . .

LES MAINS

Sur les fenêtres de mon cœur
Deux pâles mains se sont collées,
Mais de douleur et de malheur,
Mains de la mort, mains effilées.

C'était sinistre de les voir
Si nocturnement illunées,
Levant vers moi leur désespoir,
Telles que des mains de damnées.

Et celle de ces mains de deuil,
Qui donc pouvait-elle bien être,
Pour que la mort fût sur mon seuil,
Depuis ce soir de la fenêtre?

Non, ces mains ne pouvaient bénir:
Maudites, certes, étaient-elles;
Puisque j'ai désiré mourir
D'avoir vu leurs pâleurs mortelles;

Puisque le vin de mes amours,
Amertumeux et plein de larmes,
Endolorit le pain des jours,
Depuis leur signe aux fatals charmes.

Mains sinistres! Mains de poison!
Geste de ténébreuses vierges!
Vous avez lui dans ma maison,
Comme deux mortuaires cierges.

Ma douleur regarde la mort,
Car l'espoir a fermé sa porte. . .
Et, tristement, le vent du Nord
Souffle sur ma chandelle morte.

L'ANNONCIATRICE

Pièce en deux actes
de
Grégoire Le Roy

PERSONNAGES

LE PERE
DANIEL
LE MEDECIN
JEROME (JARDINIER)
LA MERE (FELICITE)
CLAIRE
BRIGITTE (SERVANTE)
UNE SŒUR DE CHARITE

L'action se passe, de nos jours, en province.

ACTE I

La scène représente une salle à manger. Ameublement sévère.
Au centre, au premier plan, un guéridon et un fauteuil près d'un canapé;
plus loin, les portes donnant sur les appartements.
A droite, au second plan, l'entrée d'une vérandah, fermée par d'épais
rideaux.
Au fond, un piano; au milieu, une fenêtre qui laisse pénétrer un jour douteux
et triste. On entend le tic-tac monotone d'une horloge.

SCENE I
LA MERE—CLAIRE—puis LE MEDECIN

CLAIRE: Tous ceux qui passent regardent la maison.

LA MERE: C'est qu'ils y voient le malheur qui plane sur elle.

CLAIRE: On dirait qu'ils ne l'ont jamais vue; qu'elle leur semble
extraordinaire.

LA MERE: Oh! quelle honte! Quelle honte!

CLAIRE: Comme s'ils voulaient voir dans mes yeux si j'ai beau-
coup pleuré. . . *(Elle se retire de la fenêtre.)*

Un silence.

LA MERE: Et Daniel?

CLAIRE: Il ne vient pas. . .

LA MERE: Il ne vient pas?

CLAIRE: Il ne viendra plus. . .

(Un silence.)

LA MERE: Tu n'entends rien? Quelqu'un est entré. . . C'est ton
père, sans doute. . . Oh! tu verras, il saura tout.

(Entre le médecin.)

LA MERE: Ah! Docteur!. . .

(Elles pleurent.)

LE MEDECIN: Je sais, Madame, ce qui est arrivé! Que voulez-vous! Ce sont les enfants qui font souvent notre malheur.

LA MERE: Dieu sait pourtant si j'ai fait mon devoir.

LE MEDECIN: C'est vrai, Madame, vous n'avez rien à vous reprocher; aussi personne ne vous en veut. N'avez-vous pas été bonne mère; n'avez-vous pas travaillé pour lui?. . .

LA MERE: Travaillé! Trente ans durant. Nous avons travaillé nuit et jour, afin de pouvoir lui donner une bonne instruction et même tous les plaisirs qui convenaient à son âge. Rien ne lui a manqué; nous l'aimions tant! Nous avions dans l'idée que de lui seul devait venir la récompense de toute notre vie. Et voilà! Maintenant que nous nous trouvons dans une honorable aisance; maintenant que nous sommes vieux et usés et que l'heure d'être heureux était venue, tout cet espoir, tout ce bonheur, notre nom même, tout cela tombe d'une fois. Nous voilà déshonorés!

LE MEDECIN: Mais, Madame, ce déshonneur ne saurait vous atteindre. Croyez-moi, vous resterez pour tout le monde ce que vous êtes, de braves gens, et nul en vous voyant. . .

LA MERE: En me voyant! Me montrer encore, moi, dans la rue, aux yeux de tous! Non! Non! Plus jamais! Pour qu'on me dévisage et qu'on dise en me montrant du doigt: 'Voilà la mère!!!!!' Non! Non! Non! Et tenez! Rien que de penser qu'on regarde ainsi mon pauvre mari, j'ai envie de lui crier: 'Ne sortez plus! Ne sortez plus!' Heureusement, il ne sait rien encore, mais en mourra, vous verrez, il en mourra!

LE MEDECIN: Aussi ne doit-il jamais rien savoir. A son âge et dans l'état où l'a mis cette congestion, dont il n'a pu sortir presque sauf que par miracle, car hélas! nous n'avons pu sauver tout, il faut lui épargner tout ce qui l'impressionnerait trop vive-ment. Or, une telle nouvelle lui serait funeste, très funeste. . . mortelle même.

LA MERE: Mais comment la lui cacher? Si nous nous taisons, d'autres parleront. . . Et puis il verra, il verra nos larmes, notre désespoir. . .

LE MEDECIN: Je n'ignore pas, Madame, combien ce sera difficile et pourtant il le faut. Je vous le répète, il s'agit de sa vie. . .

CLAIRE: Et s'il va là-bas, Docteur, à la maison même, comme il y va souvent en promenade?

LA MERE: Oui, s'il trouve la maison vide, fermée? Les voisins l'avertiront, et ils seront brusques, méchants peut-être! Tandis que nous, nous pourrions lui révéler la chose petit à petit, avec ménagement?

LE MEDECIN: Non! Non! Croyez-moi. Le silence seul est possible. D'ailleurs, les circonstances vous aideront. Vous n'êtes pas sans avoir remarqué que, depuis sa maladie, l'intelligence n'est plus aussi vive, que son esprit, sa mémoire surtout s'affaiblissent, bientôt ce dont vous ne parlerez pas vous-même, il n'y songera plus. Eh bien! Tout cela vous aidera et puis, encore une fois, il le faut, il s'agit de sauver sa vieillesse. S'il apprend cette chose, il peut mourir foudroyé. . . à l'instant même. . .

LA MERE: Et voilà où nous en sommes! Ne dites pas au père ce que son enfant a fait, car il mourrait, la honte le terrasserait. Ah! Je puis bien le dire à présent, que la mort est dans cette maison. *(Ici, la sœur de charité paraît au fond, mais, s'apercevant qu'il y a du monde, se retire.)* Ainsi donc, il me faudra toute seule, dans ma vieillesse, porter le souvenir, le déshonneur de cette terrible chose! Ce ne sera pas long, allez! Car il m'aura bien vite tuée, moi, s'il ne tue pas son père! Je le sens bien là, là près du cœur, des battements affreux de vrais coups de marteau, comme si l'on clouait un cercueil. . . le mien sans doute qu'on cloue ainsi! C'est étrange, mais depuis que cette abominable chose est là, chaque heure me vieillit d'une année. Je sens mes cheveux blanchir un à un sur la tête! On dirait que la douleur absorbe mes forces. . . Voyez! Je ne peux presque plus marcher! Mon Dieu! Qu'est-il donc arrivé?. . . C'est abominable!

LE MEDECIN: Hélas! Oui, Madame, c'est un grand malheur, un très grand malheur! Mais il ne faut pas vous laisser abattre; reprenez courage, consolez-vous. . . Regardez votre fille, elle est bonne; mettez votre espérance et votre joie dans cet enfant-là, oubliez l'autre, pensez que vous n'en eûtes jamais qu'un. Pourquoi ne seriez-vous plus heureuse? Vous n'avez à rougir de rien. . . Allons, du courage.

LA MERE: Merci, Docteur. Mais devoir son bonheur à l'oubli d'un enfant, non, c'est bien fini, maintenant! Nous n'avons plus rien de bon à attendre de la vie. . . Plus rien. . . Les parents ont tort parfois de vieillir et c'est si triste pourtant de devoir regretter de ne pas être déjà mort, là-bas, au cimetière. . .

LE MEDECIN: Voyons, Madame! Soyez plus forte. . . Je reviendrai vous voir bientôt. . . mais surtout, pas un mot! Ce serait sa mort!

(Il sort reconduit par la fille.)

SCENE II
LA MERE (seule)
L'horloge sonne 5 heures

LA MERE: La mort! *(A ce moment, la sœur de charité survient, traverse la scène et disparaît à gauche.)* Ah! Oui, elle est dans la maison! La mort et la douleur! Mais, qu'ai-je donc fait pour mériter de si grandes choses! Et lui? Où est-il maintenant?. . . Et que fait-il? Oui, qu'est-ce qu'il fait? Pleurer sans doute! Ah! Il a beau pleurer maintenant, il est trop tard! Et pourtant qui l'aurait cru! Qui l'eût dit en le voyant tout petit, avec ses longs cheveux blonds et ses belles petites mains? Oh! Ses mains, ses mains à présent. Qu'est-ce qu'il a dû penser en voyant tout cela! Et elle? Elle! Oh! Mon pauvre enfant! Mon pauvre enfant! Dire qu'il est là-bas! Là-bas! Et que je l'ai tenu si mignon, si innocent, là, sur ces genoux et que je l'embrassais. Est-ce qu'il a pensé à moi en faisant cette chose? A moi, à sa maman? Ah! Je suis bien sûre qu'il pense à moi, maintenant, à la peine qu'il me fait! Il me croit sans doute malade. . . que je vais mourir! Comme il doit souffrir!. . . Et cette nuit, quand il fera très noir, il va la voir se dresser devant lui. . . et morte!. . . Mon dieu! Mon dieu! Pourquoi ne suis-je pas morte depuis longtemps? Et si je mourais maintenant, il ne serait pas là, je n'aurais que ma fille, mais lui!. . . il ne serait pas là. Je ne veux pas qu'il vienne, j'aurais trop mal! Je ne veux plus le voir, je ne veux plus voir ses mains! Plus jamais! Plus jamais!

SCENE III
LA MERE—CLAIRE

CLAIRE: *(Entrant.)* Mère, il fait si mauvais dehors, et Papa ne rentre pas.

LA MERE: En effet, il est en retard. Cela m'inquiète. Voilà encore ces vilains battements de cœur! Mon Dieu! Que va-t-il nous arriver maintenant? Pourvu qu'il ne sache rien. . . qu'on ne lui ait rien dit. . . qu'il n'ait rencontré personne. Car il faut tout craindre. Il est si étrange, depuis sa maladie. . . Ecoute, Claire, tu n'entends rien?. . . On vient de fermer une porte.

CLAIRE: Oui, Mère, le voilà qui rentre.

(Un silence.)

SCENE IV
LA MERE—CLAIRE—LE PERE

CLAIRE: Bonsoir, Père. . .

LE PERE: Bonsoir. . . *(Sa fille l'embrasse.)* Dieu qu'il fait mauvais. . . Un temps à ne pas mettre un chien dehors.

CLAIRE: Est-ce qu'il pleut?

LE PERE: A torrents. . . C'est-à-dire, non, il ne pleut pas, mais il fait un temps épouvantable, il souffle un vent de tous les diables, une vraie tempête. *(Allant à la fenêtre dont il soulève le rideau.)* Et puis, le ciel est tout rouge, effrayant à voir. Regardez-moi ça! *(La fille s'approche de lui.)* Quel ciel, hein! Quel soir terrible. On dirait un soir. . . On dirait le soir d'un jour où il est arrivé de grands malheurs! *(Elles pleurent.)* Tiens! Quelle odeur! *(S'apercevant de leurs larmes.)* Vous pleurez?

CLAIRE: Non, Père. *(Elle dispose le couvert sur la table.)*

LE PERE: Qu'est-il arrivé?

LA MERE: Rien, je vous assure, rien. . . Voulez-vous vous débarrasser. *(Elle l'aide à enlever son pardessus.)*

LE PERE: Mais quelle odeur y a-t-il ici?

LA MERE: Vous dites?

LE PERE: Quelle étrange odeur y a-t-il ici?

LA MERE: Une odeur? Je ne sens absolument rien.

LE PERE: Comment, vous ne sentez pas? Mais si. . . Enfin
puisqu'il n'y a rien. . . Où est le journal?

CLAIRE: *(A sa mère.)* Oh! Mère!

LA MERE: Cache-le vite, vite!

LE PERE: *(Cherchant toujours.)* Diable! Je ne le trouve pas. . .
Claire, qu'as-tu fait du journal?

CLAIRE: Mais Père, je ne l'ai pas vu. . . On l'aura sans doute
égaré.

LE PERE: Egaré! Et tu sais que c'est ma seule distraction. . . Je suis
sûr qu'il y avait des choses intéressantes. . . Et vous ne sentez pas
ça, vous autres?. . . une vraie odeur de cimetière.

LA MERE: Encore cette idée! Viens plutôt te mettre à table, on va
servir.

(Brigitte sert.)

LE PERE: *(Il se met à table.)* Et puis, il fait noir, triste ici. *(Un long
silence.)* Ah! Ah! Le plat favori de Rodolphe! *(Sensation.)* Ce qu'il
en mangeait lui!

LA MERE: *(A part.)* Il ne sait rien!

LE PERE: A propos, y a-t-il longtemps qu'il est venu?

LA MERE: Il est venu!. . . Oui, il y a longtemps.

LE PERE: C'est étrange! Voilà plusieurs semaines que je ne l'ai vu.
C'est sans doute la besogne qui l'emprisonne ainsi. Il faudra que
j'aille moi-même jusque chez lui. . . Et puis cela me fera du bien
de marcher un peu. . . et aussi de revoir mon garçon. Si j'allais
demain? C'est une idée. . . il faut absolument que je sache ce qui
le retient. Je suis triste quand je ne vois pas mes enfants autour de
moi: je ne me sens plus à mon aise, je n'aime plus d'être seul; j'ai
presque peur. . .

LA MERE: Si j'étais de vous, je n'irais pas.

LE PERE: Vous n'iriez pas?

LA MERE: Non!

LE PERE: Et pourquoi n'iriez-vous pas?

LA MERE: Mon Dieu! Parce que ce n'est pas à vous d'aller à lui.

LE PERE: Comment! Ce n'est pas à moi d'aller à lui? Je le sais
bien. Mais si le pauvre garçon ne peut plus venir lui-même. S'il
est retenu; s'il a beaucoup de besogne, comme on peut le
supposer?

LA MERE: Oui, probablement!

LE PERE: Alors!

LA MERE: C'est égal, je n'irais pas.

LE PERE: Tutut! J'irai, moi, et dès demain. Vous pensez bien que
ce n'est pas le désir de s'échapper qui lui manque. . .

LA MERE: *(A part.)* Mon Dieu! Il parle comme s'il savait tout!

LE PERE: Je regrette de n'y avoir pas songé plus tôt. C'est encore
cette maudite maladie qui en est la faute. Décidément, ma
mémoire s'en va tout à fait, je ne me souviens plus de rien; j'ai
toute la peine du monde à me rappeler quoi que ce soit, et encore
cela s'embrouille dans ma tête. Ce n'est que petit à petit, à grand-
peine, que je parviens à m'éclaircir les idées. N'oublie pas, Claire,
de me rappeler demain que j'aille là-bas.

CLAIRE: Mais il est peut-être absent, Père.

LE PERE: Absent, dis-tu?

CLAIRE: Mais oui, parti pour un long voyage, par exemple.

LE PERE: En voyage. . . Et sans être venu nous embrasser! Sans
embrasser son vieux père; qui peut mourir d'un jour à l'autre. Il
ferait cela, lui? Non. Non. Je veux savoir la vérité. J'irai le voir.
D'ailleurs, pourquoi par son amour-propre priver mes derniers
jours de la présence de mon fils? Il sera toujours temps de ne plus
se voir. A mon âge, on n'aime plus être séparé des siens; on a
peur de la solitude, on pense à de trop tristes choses. . . Quoique
je ne craigne, absolument pas, la mort, oh, non, mais, enfin, je

préfère le passé, il me semble, maintenant que la vie était bonne, joyeuse, meilleure en un mot. Et, tenez, tout à l'heure, je suis allé me promener, vous savez bien, là-bas.

CLAIRE: Où donc, Père?

LE PERE: Mais là-bas, voyons! Comment cela s'appelle-t-il? Enfin, vous savez bien, dans ce square. . . près de la maison cellulaire, la prison.

LA MERE: Quoi! Vous avez été!

LE PERE: J'ai été? Comment, j'ai été? mais. . .

LA MERE: Non! Non! Je comprends. . . Je croyais. . . ce n'est rien. . .

LE PERE: Je disais donc que j'ai été là-bas, dans ce square, tout seul, quand soudain en voyant la prison, je me suis rappelé qu'une fois Rodolphe m'accompagnait. . . il était encore tout petit, tout blond, avec de longs cheveux bouclés. . . vous rappelez-vous encore, Maman, comme il était bien ainsi? Qui eût dit qu'un jour il serait presque noir. Car il a les cheveux plus foncés que les tiens, n'est-ce pas, Claire?

CLAIRE: Oui, Père.

(Elles cachent leurs larmes.)

LE PERE: Donc, tout à l'heure. . . Tu ne te sers plus, Claire?

CLAIRE: Merci, Père.

LE PERE: Et toi, Félicité?

LA MERE: Merci.

LE PERE: Je disais donc que Rodolphe, en voyant la prison, me dit: 'Papa, viens dans cette église', et comme je lui répondais que ce n'était pas une église, mais une prison, 'Pourquoi est-ce si grand?' me répondit-il.

(La mère éclate en sanglots et se lève.)

CLAIRE: Père, as-tu fini?

LE PERE: Oui!

CLAIRE: On peut desservir?

LE PERE: Non! Non! Pas encore, tantôt. Qu'est-ce que je disais? Ah, j'y suis... Il voulut absolument entrer. J'ai été forcé de le mener jusqu'à la grille. Là, il eut peur. Il se serra contre moi...

(La mère sanglote de nouveau.)

CLAIRE: Père, puis-je desservir?

LE PERE: Mais oui! Voyons, qu'est-ce que je disais? Ah! J'y suis! Le gardien qui se trouvait derrière la grille fit même cette remarque en le voyant si peureux, et si bien habillé sans doute: 'Ah, celui-là n'entrera jamais ici.' *(Les deux femmes se lèvent pour ne pas montrer leurs larmes. Ne s'apercevant de rien, le père continue.)* Et il tend la main au petit à travers les barreaux... Mais Rodolphe refusa d'avancer la sienne. Il avait peur. Je l'obligeai néanmoins à le faire. Je m'en souviens comme d'hier, le gardien s'écria alors: 'Oh, quelles belles mains il a, cet enfant, et si blanches.' Elles étaient fines et blanches... n'est-ce pas, Félicité?

LA MERE: *(A part.)* Oh! ses mains! Ses mains!

LE PERE: *(S'apercevant enfin que les deux femmes pleurent.)*

Vous pleurez, mais qu'ai-je donc dit pour vous mettre dans cet état? Dis-moi, Claire, pourquoi pleures-tu?

CLAIRE: Je ne peux voir pleurer Maman.

LE PERE: Mais pourquoi pleure-t-elle, ta mère? Je n'ai, cependant, rien dit de si triste, cette fois.

CLAIRE: Tu parles toujours du passé... de sa jeunesse.

LE PERE: Vous êtes des enfants. On ne peut parler de rien. Moi qui n'ai plus longtemps à vivre, c'est mon bonheur de penser au bon vieux temps!... Allons! Mets-toi au piano, Claire, et joue-nous quelque chose de gai!

CLAIRE: Non, Père, cela ne me dit rien.

LE PERE: Quoi? Tu me refuses cela? Ce n'est vraiment pas bien!

(Claire se met au piano et joue quelques mesures d'un air triste.)

Mais c'est lugubre, ce que tu joues là! C'est moi qu'on rend triste à présent. Cesse plutôt, ce sera pour une autre fois.

(Un silence, pendant que Brigitte dessert la table.)

Et vous, Brigitte, vous ne sentez pas ça?

BRIGITTE: Quoi, Monsieur?

LE PERE: Mais cette odeur! Je vous assure, il y a une odeur dans la maison. . . une étrange odeur. . . *(Il se lève.)* Une odeur de cimetière, comme je le disais tantôt, une vraie odeur de mort!

CLAIRE: Oh! Père!

LE PERE: Mais c'est la vérité!

LA MERE: Je vous en supplie, ne parlez pas de ces choses! Il n'y a rien de cela, je vous assure.

LE PERE: Enfin! Puisqu'il n'y a rien. . . *(Badinant.)* C'est peut-être moi après tout.

CLAIRE: Comment, vous?

LE PERE: *(Badinant.)* Mais oui! Je suis si vieux. Il me reste si peu de temps à vivre que je pourrais bien sentir déjà la mort!

LA MERE: Mon Dieu! Quelle idée! Vous ne parlez que de cela. Vous voyez bien que vous nous faites de la peine.

LE PERE: On ne peut donc plus plaisanter? Est-ce que je ne suis pas assez vieux, assez malade pour avoir le droit d'en parler? Mon tour viendra. . . Et bientôt, je sens bien ça, moi! Mais je n'ai pas peur, allez. Il vaut mieux d'ailleurs s'y attendre. . . on s'y prépare lentement. . . *(Brigitte s'en va. Le Père s'asseoit près du guéridon.)* Et puis, je n'ai rien à craindre de la mort, moi! Quand on a vécu comme il faut vivre, qu'on a élevé ses enfants dans le bien, qu'on a une bonne fille et un brave cœur de fils on peut s'en aller tranquille. C'est beaucoup de pouvoir se dire cela; c'est un grand mérite d'avoir de pareils enfants, car c'est bien un peu à nous qu'ils le doivent, je pense. . . d'ailleurs selon moi, les parents sont toujours plus ou moins responsables. . . si les enfants tournent mal. Il y a de leur faute en général. . . On en a assez d'exemples autour de soi: quand on fait son devoir, le bon Dieu est là et on est récompensé et béni dans ses enfants.

CLAIRE: Oh! père, tais-toi!

LE PERE: Ce n'est peut-être pas la vérité? Ah! Laissez-moi! Puisque je suis près de mes enfants, laissez-moi vous le dire une fois, avant de mourir. Viens ici, Claire, près de moi, là sur mes

genoux. . . embrasse-moi!. . . Ah! Oui, je suis fier de toi. . . et fier
de ton frère. . . Dieu sait si demain je pourrais encore te le dire?
Te dire que j'ai été content de toi. . . n'est-il pas vrai, Maman, et
n'est-ce pas que nous sommes contents d'elle. . . et de son frère?
Tiens, je voudrais que Rodolphe soit là pour que je lui dise, à lui
aussi. . . mais vous pleurez toujours! C'est pourtant bien cela seul
qui fait que je m'en irai de ce monde sans trop de chagrin. . . Tu
comprendras cela plus tard, Claire. . . Ah! Mourir et n'être pas
content du sort des siens comme ce doit être pénible! Mais avoir
beaucoup travaillé, car j'ai travaillé, pas vrai, Maman?

LA MERE: Certainement! Beaucoup! Souvent la nuit!

LE PERE: Ah! Oui, et plus d'une fois! Et pour qui? Pour toi, ma
fille, pour toi et ton frère. . . Eh! bien, après une vie pareille,
comprenez-vous la joie que c'est de penser: là, les voilà grands
maintenant. . . et braves. . . et honnêtes. . . des enfants comme
tous les pères et toutes les mères les voudraient. Ma peine n'a pas
été perdue. Ils m'aiment. . . ma fille est une bonne fille. . . mon
fils un brave fils. . . travailleur, honnête. . . Non! Non! Je n'ai pas
peur de mourir. La mort n'a rien d'effrayant pour moi. Elle serait
là, dans l'autre chambre à m'attendre. . . *(Ici, la sœur de charité
paraît au fond de la scène mais s'arrête en entendant les paroles du
Père.)* que je ne demanderais qu'une chose: un baiser de ta mère,
un baiser de toi, et un baiser de ton frère.

(Un silence.)

SCENE V
LES MEMES plus JEROME le jardinier

JEROME: *(De la vérandah.)* Peut-on entrer?

*(Claire va lui ouvrir les rideaux. Il entre en portant un rosier en pot,
grand, blanc, en pleine floraison. Il le dépose au milieu de la chambre.)*

Hein! En voilà du soleil! En voilà de la vie! *(Un silence. Il reprend le
rosier et le dépose sur le buffet en disant à voix basse.)* Comment? On
ne dit rien? Et tout le monde pleure! Ou je me trompe fort ou
c'est bien là le malheur!

LE PERE: Félicité!

RIDEAU

ACTE II

La scène représente un jardin, en automne. A droite, au premier plan, un vieux banc de pierre. Au fond la terrasse de la vérandah. Les dernières feuilles se détachent des arbres et tombent une à une tristement.

SCENE I
JEROME—BRIGITTE

JEROME: Les uns vont plus vite que les autres, quoique tous y arrivent un jour. Par exemple, j'ai dix ans de plus que Monsieur et je parais en avoir dix de moins. Voilà ce que c'est que d'avoir trop travaillé! Car on a beau dire: le travail ennoblit l'homme, ce qui est certain c'est qu'il nous use, qu'il nous déforme, et nous tue même et qu'on en est en somme puni comme d'une mauvaise action.

BRIGITTE: En vérité est-ce que notre pauv' Monsieur a bien baissé!

JEROME: *(Se frappant le front.)* Et c'est ceci surtout qui a baissé, l'âme s'en va quelquefois ainsi avant la vie et l'on peut dire de notre pauv' Maître que son esprit déménage tout doucement vers l'autre côté de la terre. Il n'en restera bientôt plus rien. Ce sera l'enfance encore une fois. Et quelle enfance! Une enfance à barbe grise et à cheveux blancs, qui arrive un jour à ne plus savoir ce qu'elle dit, ni ce qu'elle fait, absolument comme l'autre! Mais une enfance qui n'a ni père ni mère et qui en aurait pourtant plus besoin que l'autre. . . à moins toutefois que la mort n'arrive à temps. . . Ah! Que Dieu préserve ma vieillesse d'une telle misère!

BRIGITTE: Pauvre Monsieur!

JEROME: Que voulez-vous? On a des enfants, on les veut plus
riches que soi, on n'est content qu'ils soient ce qu'on a été... et
vous voyez pourtant ce qu'ils vous rendent en échange de vos
peines!... Enfin, espérons que le bon Dieu lui épargnera au
moins la honte de redevenir enfant, s'il ne lui a pas épargné
l'autre malheur, car ses péchés ne sont sans doute pas si
nombreux et si lourds!

BRIGITTE: Bien sûr que non!

JEROME: *(Regardant la maison.)* En est-il tombé du malheur, sur
cette maison.

BRIGITTE: Du malheur et de la douleur!

JEROME: Comme la neige et la grêle qui tomberont bientôt.

BRIGITTE: Quelle différence avec autrefois! Cette maison où
c'était un bonheur de vivre, où tout malgré la vieillesse était
joyeux, aimant comme des jeunes filles, où l'on entendait toujours
la voix de Mademoiselle Claire au piano dans le jardin, que sais-
je! Et maintenant tout cela est fini. Plus de musique, plus de voix
dans le jardin, plus de fleurs dans la maison.

JEROME: Ah! Pour cela, non! Qu'il ne faut plus de fleurs! De ma
vie je n'oublierai le jour du fameux rosier blanc! Pas un mot! On
ne le regarda même pas. Ils avaient bien trop à faire de pleurer!
Non! Il ne fait plus comme autrefois là-dedans! Le chagrin s'y
traîne comme un malade d'une chambre à l'autre.

*(La sœur de charité, lisant son office, traverse inaperçue le fond du
jardin.)*

BRIGITTE: Dites plutôt la mort! Car c'est vraiment la mort qui
hante la maison... comme les âmes damnées qui hantaient le
vieux château de mon village... On ne parle plus que d'elle, on
dirait qu'ils l'attendent; qu'à tout instant la porte va s'ouvrir et
qu'elle va entrer. Je suis bien près de croire qu'on la sent déjà,
comme dit Monsieur... et encore n'est-ce là que la moitié du
malheur! Mais l'autre!

JEROME: Ah! Oui, c'est lamentable l'histoire! C'est miraculeux
quand même qu'il n'en ait jamais rien su!

BRIGITTE: Oui, je me le dis parfois.

JEROME: Ah! Les choses ne se seraient pas passées ainsi.

BRIGITTE: Pauvre Monsieur!

JEROME: Oh! Pauvre Monsieur! Un brave homme. . . et l'on dit
que les fils ressemblent à leur père.

*(Le père paraît sur la terrasse où il s'attarde un moment à regarder le ciel
et le jardin.)*

SCENE II
BRIGITTE—JEROME—LE PERE

BRIGITTE: Le voilà!

JEROME: Comme il a l'air vieux! On lui donnerait cent ans.

BRIGITTE: Il n'en a pas soixante-dix.

JEROME: Il n'ira guère plus loin, je crois bien que l'hiver qui
vient. . .

(Le père s'approche, rêveur.)

LE PERE: *(A part.)* Toujours cette odeur qui me poursuit! *(Haut.)*
Jérôme!

JEROME: Monsieur?

LE PERE: As-tu peur de la mort, toi, Jérôme?

(Brigitte s'en va, secouant la tête.)

JEROME: Peur da la mort? Mon Dieu, Monsieur, oui et non. Non
parce que j'ai toujours bien vécu, oui, parce que. . . parce que. . .
ma foi, je peux difficilement m'expliquer, mais cela me paraît
assez drôle! C'est comme si moi qui ai toute ma vie creusé la terre
j'allais être tout à coup au fond, que j'allais la traverser, quoi!
Alors, vous comprenez, cela m'effraierait un peu de ne pas savoir
où je m'en irai tomber et ce que je trouverai là-bas, de l'autre
côté.

LE PERE: Tu as raison, Jérôme.

JEROME: Il me semble, du moins. . . *(Un silence.)*

LE PERE: Jérôme!

JEROME: Monsieur?

LE PERE: Crois-tu que j'aille au ciel, moi?

JEROME: Quant à cela, Monsieur, si ça ne dépendait que de moi, vous n'auriez certes rien à craindre, seulement je ne suis pas précisément le bon Dieu, je ne suis que votre jardinier. . . Mais pourquoi, diable, Monsieur, me parlez-vous ainsi de la mort?

LE PERE: C'est que nous sommes tous deux très vieux, Jérôme.

JEROME: C'est vrai, nous n'en sommes plus très loin et c'est même étrange qu'on n'y pense point davantage et plus souvent.

LE PERE: Moi, j'y pense toujours, Jérôme.

(Le jardinier se remet au travail.)

Tu te remets au travail?

JEROME: C'est que j'ai encore quelque besogne, Monsieur, et que les beaux jours ne sont pas éternels. A cette époque de l'année il faut les prendre quand ils viennent, une fois finis, c'est bien fini et je crains que n'en aurons plus des tas: *(montrant le ciel)* voilà l'hiver!

LE PERE: Il fait pourtant si beau, ce soir.

JEROME: Une vraie soirée de printemps.

LE PERE: *(Montrant la maison.)* Ils se tiennent là enfermés! Je m'en vais le leur dire. . . *(Il va à la terrasse, entr'ouvre la porte et parle vers l'intérieur.)* Pourquoi restez-vous là? Venez donc au jardin, il fait délicieux dehors, pas froid du tout. . .

(Claire et Daniel viennent sur la terrasse.)

N'est-ce pas qu'il fait bon?

SCENE IV*
LE PERE—CLAIRE—JEROME—DANIEL

CLAIRE: Oh! Oui, Père!

LE PERE: Couvre-toi cependant, Claire. . . prends un châle. . .
c'est que les beaux jours sont comptés, ce sont les derniers; il
faudra bientôt renoncer au jardin, à cause de la neige. . . et alors
ce sera pour longtemps. . . Dieu sait, nous n'y entrerons peut-
être plus après aujourd'hui. . . Pas vrai, Jérôme, que c'est bientôt
l'hiver?

JEROME: Aujourd'hui même, Monsieur. Nous sommes déjà le
vingt et un décembre.

LE PERE: *(Plaisantant.)* Vous voyez! La saison est à son agonie, ce
soir, à minuit, irrévocablement, la mort, et demain. . . la neige.
(Tandis qu'il parle, il descend au jardin. A Jérôme.) Ah! Tu fais
bien!

JEROME: C'est qu'ils sont si vite gelés!

LE PERE: A propos, as-tu vu la greffe que j'ai rapportée ce matin?

JEROME: Oui, Monsieur, je l'ai mise au fond du jardin.

LE PERE: C'est une greffe d'une plante très rare que je n'avais pas
encore vue jusqu'ici. La fleur en est ravissante: rouge, avec, au
milieu, une tache blanche, comme un petit cœur. . . seulement la
greffe en donnera-t-elle une pareille?

JEROME: Il me semble, c'est dans la nature. Tel père, tel fils.

LE PERE: C'est vrai, tel père, tel fils.

(Ils sortent.)

---

* Par inadvertance, Le Roy saute de la scène II à la scène IV; il n'y a pas rupture de
sens.

SCENE V
CLAIRE—DANIEL
(Ils sont restés assis sur la terrasse.)

DANIEL: Comme ils sont tristes ces derniers jours de l'automne. Il traîne sur la terre comme un regret et comme la douleur d'un adieu. Quelqu'un est parti, dirait-on, et on souffre. . .

CLAIRE: Oui, et on a peur de l'hiver qui vient, de cette saison si misérable, si chagrine, qu'elle paraît devoir être plus propice à la mort que les autres.

DANIEL: Tu parles de la mort, Claire?

CLAIRE: Eh! Bien?

DANIEL: C'est que nous sommes tous deux si jeunes!

CLAIRE: C'est vrai, mais c'est la faute à la nature. . . Oh! Daniel, comme il fait bon de s'aimer en des jours pareils! De n'être pas seul devant la vie! Dis, pourquoi cela serait-il?

DANIEL: Je ne sais, peut-être parce que le froid, la neige, la vue de toutes ces choses inertes et sans vie nous afflige et rend la solitude effrayante. Il faut avoir un refuge à notre peine et nous le trouvons dans le cœur l'un de l'autre.

CLAIRE: Oui, c'est bien cela!

DANIEL: On a un abri contre ses pensées, comme une maison contre l'hiver.

CLAIRE: Je me demande parfois ce que je serais devenue si je ne t'avais pas aimé ou si tu m'avais abandonnée, comme j'ai eu peur, lorsque le malheur s'est abbatu sur ma famille. Oh! Je serais morte dans cette maison.

DANIEL: Ainsi, tu as pu me croire assez lâche! Tu ne m'aimais donc pas?

CLAIRE: Si, je t'aimais, mais que veux-tu? Il arrive un moment dans la souffrance où l'on désespère de tout, où l'on se croit abandonné de tout le monde. Je te remercie encore et je te bénis de ce que tu sois venu. Je suis heureuse du moins si je ne suis pas gaie.

DANIEL: C'est vrai, tu es souvent triste.

CLAIRE: Comment ne pas l'être! La tristesse m'entoure de toutes parts. Je ne vois guère que cela autour de moi, et je puis dire que nous nous serons aimés dans la douleur.

DANIEL: S'aimer dans la douleur. . . enfin espérons. . .

CLAIRE: Oh! oui, espérons. C'est l'espoir qui me soutient. Comprends-tu ma vie? Toujours, toujours être rappelée à la tristesse et à la mort. Dès qu'une pensée moins sombre pénètre en mon âme, m'apportant un peu de courage et de gaieté, mes yeux aussitôt se tournent vers ma mère que je vois pleurer, tu sais pourquoi. . . et quand ce n'est pas ma mère, c'est mon père toujours obsédé par l'idée de mourir et qui, s'il rit et badine, le fait encore avec la mort.

DANIEL: Tu as raison, c'est pénible quand on aime de ne pouvoir sourire à la vie.

CLAIRE: La vie! Je la porte, là, avec mon amour, mais cachée, dissimulée comme une chose honteuse, car j'ai peur de froisser la tristesse qui m'entoure. J'ai peur que sa vue ne trouble l'ombre que cette imminence continue de la mort semble avoir répandue dans la maison.

DANIEL: Pourquoi ne tâches-tu pas de la chasser au moins de ta pensée à toi?

CLAIRE: Je ne sais. Il me semble que je serais égoïste, que ce serait cruel de montrer ma jeunesse devant leur vieillesse. Oh! Comme il ferait bon pourtant d'être délivrée de cette étrange gêne! De se jeter dans la joie de vivre et d'aimer la vie éperdûment. Mais non, je ne peux pas, la charité vaut mieux, même un peu douloureuse. Aussi je ne leur en veux plus d'attrister ma jeunesse. Je les aime. . . C'est tout ce que je peux dire. . . Et toi? M'aimes-tu?

DANIEL: Peux-tu me demander cela?

CLAIRE: C'est que je doute parfois quand je te vois triste auprès de moi.

DANIEL: Ne doute plus, Claire! Plus tard, tu verras! Quand nous serons l'un à l'autre. Nous serons heureux, joyeux, nous nous aimerons librement, et le soin que je prendrai d'apporter toujours la félicité et le plaisir dans la maison, te feront connaître ce bonheur que tu désires et que tu ignores encore, d'être aimée et de vivre. . .

(Le Père paraît.)

SCENE VI
CLAIRE—DANIEL—LE PERE

LE PERE: *(Devant la terrasse.)* Tu vois cette plante, Claire? Eh! Bien, quand elle fleurira jamais tu n'auras vu d'aussi belle fleur. Elle est ravissante, toute rouge, une tache blanche en forme de cœur.

CLAIRE: C'est vrai, Père?

LE PERE: Tu verras l'année prochaine. *(Un silence.)* L'année prochaine. . . c'est encore bien long, tout un hiver. . . et je suis si vieux. J'ai tout le temps de mourir avant cela.

CLAIRE; Mais non, Père, tu vivras longtemps, tu n'es plus malade.

LE PERE: Vivre! Je voudrais bien moi! Enfin! Si je suis mort et si la fleur est très belle, vous viendrez me la montrer, en vous promenant tous les deux. . . car vous viendrez, n'est-ce pas? De temps en temps? Il ne faut jamais oublier. . . même lorsque l'on est heureux. . .

(Claire pleure.)

LE PERE: *(S'en allant. A part.)* Tiens! Encore cette odeur. . .

SCENE VII
CLAIRE—DANIEL

CLAIRE: Tu l'as entendu? Toujours cette pensée! Toujours l'idée de la mort autour de moi. Jamais une parole d'espoir! Il ne sait pas le mal qu'il nous fait, pauvre Père!

DANIEL: Mais tu souffres plus que lui, Claire.

CLAIRE: Oui. . . surtout à présent, car lui-même en parle

négligemment, on dirait qu'il ne saisit plus tout ce qu'il y a de douloureux dans ces mots. Pourquoi une belle intelligence doit-elle s'en aller ainsi?

DANIEL: Mais c'est pour lui presque l'oubli! Allons! N'y pense plus. Ne sois plus triste, tu verras, tout cela ira mieux bientôt, tu seras heureuse, songe un peu à nous, à plus tard. . . Viens, descendons au jardin, veux-tu?

(Ils vont s'asseoir sur le banc de pierre.)

N'es-tu pas heureuse de penser que toute la vie est encore devant nous? Que la joie d'être deux est encore à venir? Songe donc! Pouvoir commencer sa maison à soi, une maison où règnera la joie, toujours la joie! Un jardin comme celui-ci, mais plus gai, où nous serons ensemble, les soirs de printemps et les nuits d'été! Où nous nous aimerons et parlerons de nous parmi des fleurs et des parfums! Et puis nous serons heureux dans notre enfant. Oh! quand je pense au bonheur que ce sera d'avoir dans mes bras, de voir courir, jouer, pleurer même, un petit enfant pour qui l'on travaille, à qui l'on pense nuit et jour et qui plus tard vous rendra fier de la reconnaissance qu'il nous devra.

(La Mère paraît sur la terrasse et descend vers eux.)

CLAIRE: Voilà, Mère!

SCENE VIII
CLAIRE—DANIEL—LA MERE

LA MERE: *(S'asseyant auprès d'eux.)* Vous êtes descendus au jardin?

CLAIRE: Oui, Mère, il faisait si doux!

LA MERE: Et vous êtes venus vous asseoir sur ce banc?

(Elle soupire profondément.)

CLAIRE: Qu'as-tu, Mère, tu es triste?

LA MERE: Je pense à Rodolphe. . . que de fois par les soirs de printemps et les nuits d'été je me suis assise sur ce même banc.

C'était si bon de l'avoir dans mes bras, de le voir courir, jouer, pleurer même, ce petit enfant à qui je pensais nuit et jour, et qui, pensais-je, me rendrait un jour fier de la reconnaissance qu'il me devrait. Tout cela est passé, tout cela est fini maintenant. . . *(Un silence.)* Où est Père?

DANIEL: Il est au fond du jardin.

(La Mère y va. Un long silence.)

SCENE IX
CLAIRE—DANIEL

CLAIRE: Il fait froid ici sur ce banc. Retournons sur la terrasse.

(Ils y vont en silence.)

DANIEL: Tu es triste, Claire. Tu penses à ce que vient de dire ta mère.

(Il lui prend les mains et reste silencieux.)

SCENE X
CLAIRE—DANIEL—LA MERE—LE PERE

LA MERE: Ils ne sont plus sur le banc.

LE PERE: Où sont-ils?

LA MERE: Là sur la terrasse.

LE PERE: Oui, je les vois. *(Un silence.)* Félicité! Crois-tu qu'ils soient heureux ensemble?

LA MERE: Je l'espère.

LE PERE: Nous avons été comme eux! Tu t'en souviens, Félicité? Que la vie est bonne tout de même! Et dire qu'un jour ils seront comme nous, qu'il faudra se séparer.

(Ils se séparent. La Mère rentre. Tout à coup il se met à neiger.)

CLAIRE: Viens, Père!

(Daniel et Claire rentrent. Le Père reste le dernier sur la terrasse, jette un long regard sur le jardin et rentre à son tour.)

RIDEAU

MON CŒUR PLEURE
D'AUTREFOIS
(1907)

LES NOËLS ÉTEINTS

C'est l'heure de mon cœur et le soir, sur le monde,
Joint ses mains de sommeil, ses ténébreuses mains;
C'est l'heure, doucement où se rêve la ronde
Des vieilles de légende et des mystiques nains.

Entendez-vous là-bas, là-bas dans ma pensée,
Les aïeules conter de fabuleux récits?
Comme un silence d'aile et de branche froissée,
Le passage muet, sur l'ombre, des esprits?

Je vois, dans les maisons anciennes de mon âme,
La veille des petits devant le feu ronflant:
Ils entendent, de rêve, une très vieille femme
Et le vent qui dans l'ombre erre rhythmique et lent.

Ce sont de très vieux soirs dans de vieilles chaumières;
Ce sont de vieux hivers qui neigent au dehors. . .
Alors dans la douceur tremblante des lumières,
Doucement, doucement, ô mon cœur, tu t'endors. . .

La vieille parle au loin et l'histoire s'achève
Au loin, dans un manoir, comme une fin de jour,
Tandis que dans un coin très vague un rouet rêve,
Comme un cœur de princesse exilé de l'amour.

O douceur, ô langueur! Ce souvenir de choses
Qui ne furent jamais, pour nous, qu'un souvenir!
O jours si peu vécus, si plaintifs et si roses!
Et morts! Si douces morts qu'on en voudrait mourir!

Jadis, dans notre enfance, un prince, une princesse
Que nous pleurons parfois, et, combien rappelé
D'amour et de regret! quelqu'un de la tristesse,
Quelqu'un de bien aimé, quelqu'un s'en est allé!

1886.

ÉCHOS DE VALSES

Valses d'antan, valses muettes!
Rhythmes bercés aux jardins d'autrefois. . .
Cloches d'antan, minces, fluettes.
Fuite d'échos qu'en mon âme je vois. . .

Choses d'antan, subtilisées:
Chambre déserte où se fane un parfum. . .
Choses d'amour, éternisées:
Fleur de baiser qui s'effeuille en chacun.

Voix du passé, voix incertaines,
Comme un écho de refrains bien connus;
Voix qui s'en vont loin, et lointaines,

Bons souvenirs, en allés, revenus. . .
Rhythmes en rond d'escarpolettes!
Valses d'antan. . . Pourquoi muettes?

1888.

LE PASSÉ QUI FILE

La vieille file et son rouet
Parle de vieilles, vieilles choses;
La vieille a les paupières closes
Et croit bercer un vieux jouet.

Le chanvre est blond, la vieille est blanche;
La vieille file lentement;
Et pour mieux l'écouter, se penche
Sur le rouet bavard qui ment.

Sa vieille main tourne la roue,
L'autre file le chanvre blond:
La vieille tourne, tourne en rond,
Se croit petite et qu'elle joue. . .

Le chanvre qu'elle file est blond;
Elle le voit et se voit blonde;
La vieille tourne, tourne en rond,
Et la vieille dans la ronde.

Le rouet tourne doucement
Et le chanvre file de même;
Elle écoute un ancien amant
Murmurer doucement qu'il l'aime. . .

Le rouet tourne un dernier tour;
Les mains s'arrêtent désolées;
Car les souvenances d'amour,
Avec le chanvre, étaient filées. . .

1887.

VERS L'OUBLI

Que de barques déjà, car mon cœur est très vieux,
S'ennuyant de la rive, au loin s'en sont allées!
Que d'ailes, et si loin, de la grève envolées!
Ma vie est seule et triste ainsi qu'un soir d'adieux.

Oh! regarder parfois là-bas d'où l'on arrive!
C'est si doux cette fuite et cet éloignement
Sans rames et sans rhythme et porté seulement
Sur du temps et du rêve! Oh! vivre à la dérive!

Etre pour l'oublier, comme un beau soir d'été,
Impassible et voilé, la vie un clair de lune!
Et puisque l'espérance au calme est importune,
Se souvenir très vaguement d'avoir été. . .

1886.

RONDE DE VIEILLES

Petite vieilles, mes pensées,
Il neige, il tombe du lointain,
Un peu de mort et d'incertain
Sur toutes les choses passées.

En moi, pourquoi cette froidure?
Et ce calme et ces longs hivers?
Et ces lugubres ciels couverts?
Et cet hiver qui dure et dure?

Petites vieilles inutiles,
Faites du feu de vos passés,
Et de tous ces roseaux cassés,
Et de tous ces rêves stériles.

Les souvenirs de toutes sortes
Brûlez-les comme du sarment,
Et chauffez-vous très longuement
Au petit feu des branches mortes.

Parlez-vous bien, dans vos souffrances,
De ces bons jours de l'Autrefois,
Et videz encor de vos doigts
Les fuseaux bleus des souvenances.

Et quand la nuit, la nuit pleureuse,
Dans la chaumière se fera,
L'une de vous rallumera,
Comme une lampe un peu fumeuse,

—Oh! pourquoi faut-il que je pleure
De n'en avoir oublié rien?—
La souvenance, la meilleure,
De celle que vous savez bien. . .

1887.

LES ROUETS

C'était Celle des nuits anciennes et secrètes,
Dont les petites mains berçaient si bien le cœur;
Dont les durables mains, de leurs chaînes muettes,
Me liaient à jamais à tout ce vieux bonheur;

A ce malheur de la maison inoubliable,
De la maison fatale où bien des soirs encor,
Les Mortes fileront leurs fuseaux de vieil or
Sur l'éternel sanglot d'un rouet pitoyable.

Et, dans la chambre de mystère où je l'oublie,
Parmi les souvenirs dédorés d'autres jours,
Morte, oh! morte elle est là, mais non ensevelie;
Et je ne puis rouvrir la maison des amours.

Las! Hélas! J'y laissai cette âme de ma vie,
Et ma force d'aimer. . . J'y laissai tout mon cœur.
Et les pâles rouets y filent, à l'envie,
        De la douleur. . . de la douleur.

                                        1886.

CELLE D'AUTREFOIS

Je suis celle qui s'est enfuie
De ton cœur, un soir d'autrefois;
Celle qui pleure et qui s'ennuie,
Qui n'a plus de corps ni de voix.

J'étais d'une chair triste et belle
Et si lointaine en sa pâleur,
Qu'à peine il te souvient d'elle
Comme d'une morte en ton cœur.

Ah! C'est que j'étais de la terre;
Que j'aimais la ville et le jour
Et que je t'ai vu solitaire
Avec des songes pour amour!

Pourtant lorsque parmi les hommes
Tu ramènes tes jours brisés,
Je t'aime tant qu'à deux nous sommes
Du souvenir de nos baisers.

C'est que je suis ta prime vie;
Je suis l'amante d'autrefois;
La chair de ta première envie;
Celle qu'en rêve tu reçois.

                                                    1886.

OÙ S'EN VONT LES CHEMINS

Par le vitrail, du haut de son manoir,
La belle enfant, la douce châtelaine,
Voit, là-bas, sur les routes, dans la plaine,
Un peu d'automne pourpre, un peu de soir.

Oh! ces chemins et ces routes lointaines!
Les bien aimés s'en sont allés par là. . .
Oh! les chemins! Tout ce qui s'en alla,
Ne nous laissant que regrets et que peines. . .

La douce enfant! Dans son regard profond,
Si lointain de regrets et de pensées,
C'est la douceur des pauvres délaissées
Et leur douleur pour ceux-là qui s'en vont.

Oh! les chemins! Ils s'en vont de notre âme
Et s'enfoncent là-bas, dans le passé. . .
Comme on est seul! Comme on est délaissé!
La souvenance appelle et nous réclame.

La pauvre enfant! Dans le soir de ses yeux,
Etoile d'ombre, un pleur vient à paraître. . .
Oh! les chemins! Et c'est dans tout son être,
Comme un qui part et comme des adieux.

O les chemins! Les routes désolées!
On voit toujours quelqu'un du souvenir,
A l'horizon s'en aller et partir,
Partir au loin des heures envolées.

La pauvre enfant! Dans ses yeux il fait noir.
Le soir tombé rêve de l'heure morte. . .
Tous les aimés ont dépassé la porte,
Et, dans mon cœur, il tombe un peu de soir.

                                        1888.

DÉDICACE

Pour celle de la tour d'amour,
Celle qui va sur la montagne
Et que ma pensée accompagne,
Parmi les jardins d'alentour.

C'est la douce et lente marquise
Tant ses blonds cheveux sont cendrés
Et vaporeux, comme poudrés
D'un souvenir galant qui grise.

Puis vint le soir intense et lent
De ce meilleur de nos dimanches
Et la lune, parmi les branches,
Poudra ses blancs cheveux d'argent.

Alors, dans une grotte obscure
Où nous passâmes par hasard,
Comme un berger qui d'un regard,
Peut lire la bonne aventure,

En un miroir mystérieux
J'ai vu, par un reflet d'étoile,
Se soulever un coin du voile
Dont le temps se cache à nos yeux.

1888.

LES PORTES CLOSES

O vous, chères, que j'ai connues
Et qu'aux jours tristes je revois,
Vous voici, ce soir, revenues,
Car mon cœur pleure d'Autrefois.

Quand, me rappelant vos caresses,
Je pense à celles qui viendront,
Mes mains sont lourdes de paresses,
Je ne tends même plus mon front.

Car c'est vous seules que j'écoute,
Qui, dans le crépuscule aimé,
De vos voix où tremble le Doute,
Chantez en un palais fermé.

Moi, j'attends qu'à travers la porte
Close par mon fol abandon,
Votre chanson de deuil m'apporte,
Un peu de rêve et de pardon. . .

Oui, c'est vous seules, vous lointaines,
Dont me revienne encor la voix,
O vous toutes qui fûtes miennes
Dans l'inoubliable autrefois.

Là, vous êtes dans l'ombre, seules,
Telles que vous m'apparaissez
Déjà semblables aux aïeules,
Parlant de très lointains passés;

Et j'entends vos voix paresseuses,
Si douces que j'en souffre un peu,
Comme un chœur de tristes fileuses,
Assis, un soir, autour du feu.

1888.

HALLALI!

Hallali! Hallali! Je suis le cor qui pleure,
     Attristant l'horizon du soir;
     Qui se lamente et peine l'heure
     D'inconsolable désespoir. . .

Hallali! Hallali! Mon âme sur la tour
     Corne solitude et détresse;
     Oh! que me vienne un peu d'amour,
     Pour ensevelir ma tristesse. . .

Hallali! Hallali! Les blanches châtelaines
     Ont quitté le triste manoir;
     Hallali! Holà! Vers les plaines
     Mon cœur pleureur, et vers le soir. . .

Hallali! Je suis seul dans le soir de mes jours;
     Pleurez mon pauvre cor sonore!
     Holà! Quelqu'un des alentours,
     Oyez mon cor qui vous implore. . .

Hallali! Hallali! Oyez le cor qui pleure,
     Attristant l'horizon du soir;
     Qui se lamente et peine l'heure,
     Qui peine l'heure vers le soir.

1888.

LE ROUET DE VIE

Mon âme tourne sans amour,
Le rouet de l'an solitaire;
La nuit efface chaque jour,
Sans que je regarde la terre.

Mes yeux sont à jamais posés
Sur les mensonges dont j'abreuve
Ma soif des idéals baisers,
Et de mon cœur ma vie est veuve.

Ma vie est veuve d'ici-bas;
Elle est veuve et triste sans doute?
Je ne sais, n'ayant même pas
Remarqué son deuil sur ma route.

Mais je la pressens sans la voir:
Ce doit être une fille sombre,
Aimant l'automne dans le soir,
N'errant qu'aux étoiles, dans l'ombre.

Car n'est-ce pas le soir douteux
Que se cueille dans les pelouses,
Le regard des mensonges bleus
Eclos au seuil des nuits jalouses?

J'aime tout ce qui va finir,
Ce qui défaille et ce qui tombe,
Et j'entends, dans le soir, s'unir,
S'unir des ailes de colombe.

J'aime les chambres de mon cœur,
Où filèrent des mains étranges;
Là, dans un très ancien bonheur,
J'ai vu, je crois, mourir des anges.

Mon âme tourne avec amour
Le rouet des pâles mensonges;
La nuit s'efface dans le jour
Sans me réveiller de mes songes.

1886.

MISÈRE

Depuis que le palais de mes songes
Et de mes amours fut dévasté
Par le peuple jaloux des mensonges,
Je traîne ma pâle royauté.

Je suis l'étrange indigent de rêves,
Ce mendiant d'anciens parfums,
L'exilé des faméliques grèves,
Qui prie aux routes des temps défunts.

Et vous, passantes en ma misère,
Si mon amour vous implore, il ment
Car mes mains pauvres sont en prière
D'un peu de souvenir seulement.

1888.

[sans titre]

La paix habitait ma maison;
Je vivais seul, mais sans tristesse;
J'étais jeune de ma jeunesse;
Les fleurs naissaient en leur saison.

Mais les jours sont faits de mystère,
De rigueur et d'étrangeté;
Les roses meurent de l'été
Quand il ne pleut pas sur la terre.

Les barques voguent sans amour
Quand la brise s'est ralentie;
Mon âme reste repentie
D'avoir eu trop de joie un jour.

Tout est un peu maudit sans doute,
Le plaisir comme la douleur;
On laisse un regret de son cœur
Dans les auberges de la route.

Un peu maudit, oui, je le crois,
Le destin des choses mortelles;
Car même la gaîté des ailes
De nos moulins est faite en croix.

1886.

CHANSON

Eloigne, oh! ces lèvres encore
Jadis si doucement parjures;
Et ces yeux, ces aubes impures,
Lumières abusant l'aurore.

—Mais rends-moi mes baisers donnés,
    Pauvres baisers!
Sceaux de l'amour en vains signés,
    Sitôt brisés!

Cache ces collines de roses,
Cache, oh! les neiges de tes seins,
Et leurs roses qui sont écloses,
Comme un Avril en des jardins.

Oh! mais rends-moi d'abord mon cœur,
    Mon pauvre cœur
Captif aux neiges de ton cœur!
    Rends-moi mon cœur.

1886.

SOIR INTENSE

C'était un soir d'étranges extases,
Un soir où les roses trop écloses
Se mouraient d'épanouissement,
Comme meurent les roses des vases.

C'était un soir où même les choses
Semblaient mourantes étrangement
Et comme lentes, évanouies,
D'être, en ce soir, trop épanouies.

Et nous vîmes tomber des pétales
Dans l'attente amoureuse des heures
Et nous gardons à jamais au cœur,
La langueur de ces heures fatales.

Car jamais tes lèvres de bonheur
Ne seront plus douces ni meilleures
Qu'en ce soir de trop lentes extases
Où les roses, trop épanouies,
Se mouraient d'extases inouies,
Ainsi que les roses dans les vases.

1889.

MAISON DE MALHEUR

L'ennui tisse aux coins de mon cœur,
Comme des toiles d'araignées,
De grandes ombres imprégnées
Du souvenir de mon malheur.

Oh! la demeure solitaire,
Sans espérance et sans amour,
Où la douleur s'assit, un jour,
Comme une sœur mystique et chère.

O la triste, triste maison!
Le silence en devient le maître;
Toutes les larmes de son être
On les y pleure sans raison.

Parfois notre âme, elle est trop pleine,
Oh! fuir alors! Mais c'est en vain!
On a tant pleuré qu'à la fin
L'on ne peut vivre sans sa peine.

Les pleurs font aimer la prison.
Ne sortez pas, c'est inutile,
Vous seriez comme un qu'on exile,
Regrettant la triste maison.

Car vous avez pris la coutume,
Le ciel pur vous serait mortel!
De respirer l'ambre et le sel
D'un air saturé d'amertume.

                                        1886.

LES LÉGENDES

Nous sommes les filles du Rhin,
Les vierges mortes des légendes,
Celles des berges et des landes,
Faites de lune et de matin.

La nuit, nous traversons les villes,
Silencieuses, en secret,
Et rien, par nos ombres fragiles,
N'est émerveillé, ni distrait.

Les maisons où l'on a chanté
Les fables dont nous sommes reines
Demeurent closes et sereines,
Dans l'oubli, dans l'obscurité.

Pourquoi réveiller vers les songes
Les morts de nos vaines croyances?
Que leur importent les mensonges
De nos subtiles apparences?

Aussi, nous les filles du Rhin,
Survivances d'époques sombres,
Nous suivons, à travers les ombres,
Notre mystérieux chemin.

L'oubli qui nous rend invisibles
Ne sait pas qu'en des pays bleus
Il est un manoir merveilleux,
Aux tours de rêve inaccessibles.

Là, par un étrange mystère,
Toutes les reines d'autrefois
Et les princesses de naguère
Et les pâles filles des rois;

Là, toutes celles des ballades
Que les mères ne chantent plus
Aux berceaux des enfants malades,
Retrouvent leurs anneaux perdus.

C'est là que nos voix étouffées
Rediront les légendes d'or.
C'est là que nous serons encor
Celles qui sont mortes, les fées.

Oui, c'est là-bas, à ce manoir
Dont les fenêtres sont en fête,
C'est au cœur des divins poètes,
Que nous irons frapper, un soir.

1888.

LES MAINS

Sur les fenêtres de mon cœur
Deux pâles mains se sont collées,
Mais de douleur et de malheur,
Mains de la mort, mains effilées.

C'était sinistre de les voir
Si nocturnement illunées,
Levant vers moi leur désespoir,
Telles que des mains de damnées.

Et Celle de ces mains de deuil,
Qui donc pouvait-elle bien être,
Pour que la mort fût sur mon seuil,
Depuis ce soir de la fenêtre?

Non, ces mains ne pouvaient bénir;
Maudites, certes, étaient-elles;
Puisque j'ai désiré mourir
D'avoir vu leurs pâleurs mortelles;

Puisque le vin de mes amours,
Amertumeux et plein de larmes,
Endolorit le pain des jours,
Depuis leur signe aux fatals charmes.

Mais sinistres! Mains de poison!
Geste de ténébreuses vierges!
Vous avez lui dans ma maison,
Comme deux mortuaires cierges.

Ma douleur regarde la mort,
Car l'espoir a fermé sa porte. . .
Et, tristement, le vent du Nord
Souffle sur ma chandelle morte.

1886.

MUSIQUE D'OMBRE

Un peu de musique incolore,
Afin d'éterniser ce soir,
Et qu'il revive et dure encore
Aux tristes nuits de nonchaloir. . .

Résonnance lunaire et lasse,
Eclose d'ombre dans le rêve,
Et dont la phrase ne s'achève
Pour qu'à jamais elle s'efface. . .

Oh! doucement! Loin de mes yeux!
Un peu vers le cœur, mais dans l'âme. . .
Près de l'amour, loin de la femme. . .
Que je m'en sente un peu plus vieux!

D'où vient ce baiser d'inconnue
Que ma lèvre n'a pas rendu?
Elle s'en va, la bienvenue!
Elle s'en va! Tout est perdu. . .

Tout est pourtant bien dans cette heure:
La mélodie éteinte en l'ombre,
Et plus de rhythme et plus de nombre
Et qu'elle meure. . . et qu'elle meure. . .

1886.

À MA CHÈRE MORTE

Cygne endormi sur le lac d'azur,
Son cœur, Seigneur! était bien trop pur,
N'est-ce pas? et trop pure son âme?

Ses mains étaient trop blanches pour nous,
Et ses gestes trop simples, trop doux,
Trop douce sa douce voix de femme!

Elle a joint ses mains avec regret,
Car nulle autre ne nous aimerait
Plus autant, plus comme elle, sans doute!

Sa mort fut comme un effeuillement;
Sa vie, une chanson doucement
Murmurée, au loin, sur notre route. . .

1886.

CRÉPUSCULE D'AMOUR

Oh! que de crépuscule en moi-même!
Quelle douce pénombre équivoque!
C'est le meilleur des temps où l'on aime,
Le meilleur de l'amour qui s'évoque.

Comme en une eau terne et vespérale,
Dans le miroir de mes souvenances,
Elle toute, un fantôme très pâle,
Apparaît à travers mes souffrances.

Certe, elle est douce ma solitude!
Et douce aussi la paix de mon âme!
Mais je suis triste de l'habitude
De l'avoir aimée, elle, la femme!

Après les adieux et la rancune,
L'amour ne t'a pas fermé sa porte,
Et me voilà! je t'aime comme une
Qui serait lointaine et comme morte.

Oh! oui qu'il pleuve encore, qu'il pleuve
En moi, le regret des bonnes heures,
Et qu'encore mon âme s'émeuve
De tristesses pour toi, les meilleures.

Encore un peu de ce crépuscule,
De cette pluie et de cet automne,
De cette rancœur qui me recule
Vers ma vie abolie et si bonne!

                                                    1887.

CELLES DE LA NUIT

Aux bords opalisés de lune
Et déserts d'adieux éternels,
Nous errons, seules, une à une,
Veuves des lys spirituels;

Et nos mains, à jamais marries,
Ont oublié l'art des fuseaux,
Fleurs nonchalantes et flétries,
Nénuphars exilés des eaux.

L'amour a blessé toute envie;
C'est pourquoi telles nous voici:
Immarcessibles à la vie,
Comme mortes déjà d'ici.

Tocsin de cloche, appel nocturne,
L'espoir du cœur a tu sa voix;
Nos lasses mains ont brisé l'urne
Dans quoi nous buvions autrefois.

Là, sous des robes nuptiales
Dont nul n'entr'ouvrira l'orgueil,
Voilant le mal qui nous fit pâles,
Nous illuminons notre deuil,

Et contemplons, bien résignées,
Passer sur l'eau de nos douleurs,
Les barques folles, mais signées
Du souvenir de nos pâleurs.

                                        1887.

[sans titre]

Par les soirs bleus et les nuits brunes,
Je me souviens de mon vieux cœur;
Je rêve à mes vieilles rancunes,
Et je songe à l'ancien bonheur.

Ce qu'ont laissé de souvenance
Les jours passés, oh! c'est si peu!
Moins de baisers que de souffrance
Et plus d'ennuis que le ciel bleu!

Que de pleurs a pleurés mon âme!
Si peu d'amour et tant de deuil!
Non! Je ne sais plus qu'une femme
Deux fois ait passé sur mon seuil.

Et l'oubli ne clôt pas ses portes. . .
C'est triste de se souvenir
Qu'en soi tant de choses sont mortes,
On voudrait bien aussi mourir.

                                        1886.

AIR DE GUITARE

Je chante un amour de ballade
Sans rancœur et sans trahison,
Un amour de vieille chanson,
Dont mon pauvre cœur est malade,
        Bien malade. . .

Il est dans les refrains anciens,
Rempli de leurs plaintes fatales,
Dans les chansons sentimentales,
Et les vieux airs que l'on fait siens;
        Je m'en souviens.

Il est dans toutes les tristesses
De viole et d'accordéons,
Et le meilleur que nous ayons,
Sont ses rêves et ses faiblesses,
        Et nos faiblesses;

Amour des aimés radieux
Qui vont, les soirs de clair de lune,
Avant le temps de la rancune,
Avant l'époque des adieux,
        Tristes adieux,

Amour de tous ceux de la terre,
Qui s'aimèrent aux temps passés,
Amour des pauvres trépassés,
Celui d'hier et de naguère,
        Et de naguère. . .

Amour au fond de nos amours;
Un peu plaintif, un peu malade,
Un peu mesquin, même un peu fade,
Qu'on a dans soi depuis toujours,
        Et pour toujours. . .

Amour, vieil amour de ballade,
Qui n'a jamais été, jamais!
Amour de vieille chanson, mais
Dont mon pauvre cœur est malade,
    Bien malade. . .

          1887.

SOLITUDE

O seule, et triste, et d'âme sombre!
Tout s'enténèbre autour de moi,
Et le soir, me hantant d'émoi,
Met à mes yeux la mort de l'ombre.

Et j'ai peur de ma voix, j'ai peur,
Son aile cogne le silence,
Et ma complainte humaine offense
Les coins solitaires du cœur.

Je n'ose plus filer. La laine
S'englue après mes pauvres doigts,
Et c'est l'âme de l'Autrefois
Dont je me narre de la peine.

Dehors, sous la nuit qui s'amasse,
Et sur les grands étangs du soir
Les cygnes s'endorment de noir,
Et leur lueur au loin s'efface.

O nuit! Clarté de l'Autrefois!
Tout s'illune de ton mystère;
Que je suis seule sur la terre,
Que je suis seule dans ma voix!

Oh! j'ai peur de la nuit, j'ai peur!
L'immensité porte rancune.
Ouvrez la porte au clair de lune,
Mon Dieu! dans mon si pauvre cœur.

1887.

ÉCARTE DE MON CŒUR

Ecarte de mon cœur tes chères mains maudites,
Et tes cheveux de mal qui m'oppressent encor
D'amour qui se regrette. . . Au loin j'entends le cor
Qui chante au fond des temps les caresses proscrites. . .

Tu ne cueilleras plus du moins les lys de nuit,
Lys ténébreux et blancs, fleurs de mort et de lune,
Dont mon âme hivernale, en givre de rancune,
A gelé ta fenêtre idéale qui fuit.

Vois cette floraison chimérique, inutile,
De mon rêve exilé du temps à tout jamais;
Songe au pauvre qui pleure au pied de ton palais,
Oh! et file en regrets le souvenir stérile. . .

1887.

COMMÉMORAISON

Tant d'abandon et solitaire
Etait ma chambre en ce soir-là,
Qu'un peu de sommeil salutaire
En souvenance m'exila;

Et les belles effarouchées
Revinrent aux fuseaux heureux,
Troubler le rêve poussiéreux
De leurs ballades desséchées.

Leurs lasses mains, candidement,
Etaient peureuses que tout signe
Ne fût à mon rêve d'amant
Comme une caresse de cygne;

Et leurs voix étaient spéciales
Du rhythme de tous les mensonges,
Fleurs héraldiques et royales
Aux manteaux d'azur de mes songes.

1887.

SOIR

Dors en mes yeux, songe irréel de femme,
        Loin de ma chair, loin de mes mains;
        Songe en mes yeux, dors en mon âme,
Visible en mes seuls et tristes chemins.

Que le secret abaisse sa paupière
        Sur ton être à la mort pareil,
        Et que nul n'entr'ouvre la pierre
Qui scelle au jour ton vespéral réveil.

Ombre des nuits seules et boréales,
    Dans ma douleur reviens t'asseoir,
    Et que les heures musicales
Larment de lys le grand silence noir.

1886.

LES SOUVENANCES

Nous sommes les pâles Ophélies,
Qui dérivent aux reflux des âges,
Vers les mornes et lointains rivages
Des choses à jamais abolies.

Nous sommes les bonnes souvenances
Qui passent à l'heure solitaire,
Sur l'eau des ombres et des silences:
Nous sommes des mortes vers naguère.

Voilà des plaines, voilà des villes
Et des montagnes et des vallées:
Voilà des villages et des îles
D'où les destins nous ont exilées.

Et nul de ces maisons en ténèbres
Dont l'hiver des temps a clos les portes,
Nul ne vient voir, sur les eaux funèbres,
S'en aller le cortège des mortes.

Et cependant voilà des lumières
Et des chansons d'aïeules connues:
Le passé vit encor aux chaumières
Où nous fûmes jadis bienvenues.

Mais les mains qui nous ont caressées
Ont à jamais fermé leur demeure
A celles qui passent après l'heure,
En prière des choses passées.

1890.

PRIÈRE

A l'ombre de ma solitude
Longtemps, Seigneur, je fus assis,
Sans regrets, sans inquiétude,
Sans larmes vaines et sans cris!

Mais j'ai vu les yeux des mensonges;
Quelqu'un m'a dit et je comprends
Que mes songes étaient des songes
Et que c'est en vain que j'attends.

Maintenant que je suis sur terre
Et dans la foule et parmi vous,
Je vois mon âme solitaire,
Je vois mes yeux hagards et fous.

Aussi, mon Dieu! quand je désire
Vous supplier de tous mes vœux,
Je ne sais plus ce qu'il faut dire,
Je ne sais plus ce que je veux.

Oh! rendez-moi les mains divines,
Les yeux divins de mon erreur!
Les mains d'amour, ces mains câlines
Qui ne caressent que le cœur.

Oh! rendez-moi ma solitude,
Son mensonge et son bercement,
Puisque j'ai la douce habitude
D'écouter une voix qui ment.

1886.

LA CHANSON DU FOU

Je pleure de bien étranges peines. . .
Et les vieilles, n'ayant plus de laine,
Ont fini leur ballade des reines,
Dans mon cœur, ce hameau de fables et d'histoires. . .

Mais quel est donc, là-bas, ce fou
Qui chante des choses, Dieu sait d'où?
Qui chante ainsi, là-bas, le long des routes noires?

Lors la princesse émerveillée,
Dans la légende de la veillée
Très doucement s'est éveillée,
Et puis s'est rendormie au bois de ma pauvre âme. . .

Oh! Vers la lune, ce fou qui clame
Des mots d'amour qu'on ne comprend pas!
Ce fou qui marche seul et chante ainsi, là-bas!

Oh! plaise qu'en mon âme en peine,
La malade petite reine,
Au clair de lune de la fontaine,
Dorme son rêve d'or au manoir de langueur!

Triste pourtant, ce fou sans légende,
Qui fait si pauvrement que l'entende
La dormeuse en mon cœur, la belle-au-bois qui meurt.

1893.

LA DERNIÈRE VISITEUSE

Elle entrera chez moi, comme ma bien-aimée,
Sans frapper à la porte et familièrement,
Ne faisant ni de bruit, ni de dérangement,
Enfin comme entrerait la femme accoutumée.

D'ailleurs, comme déjà la chère le savait,
Elle n'aura pas peur en voyant mon visage
Si pâle et si défait, et bien douce et bien sage,
S'assoiera sans parler à mon triste chevet.

Et moi, qui dès longtemps suis fait à la pensée
D'être un jour visité par elle, je serai
Sans émoi de la voir, et je la laisserai,
Sans dégoût, dans sa main prendre ma main glacée.

Lors elle parlera, doucement et très-bas,
Des choses du passé, d'une province chère,
D'une maison bien close et pleine de mystère,
Et de tristes amours que je n'oublierai pas.

Et, maternellement, comme l'eût fait ma mère,
Après m'avoir parlé quelque temps du bon Dieu,
La chère me dira: 'Veux-tu dormir un peu?'
Et, content de rêver, je clorai ma paupière.

                                        1885.

NUIT D'ÉTÉ

Vos longs baisers de lune, épandus sur les temps
        Comme des mains impériales,
Me font mourir de vous, ô les nuits nuptiales,
        Et l'Invisible que j'attends.

Viendra-t-elle avec vous, jeune et pâle des songes
        Soufferts en vos lascivités?
Viendra-t-elle au palais funèbre des mensonges,
        Comme l'Ange des vérités?

Qu'elle soit votre sœur pour ses yeux de pensée
        Et que sa lèvre au goût de miel,
Entr'ouvre à l'infini de mon attente, ô ciel!
La chambre où, dans mon cœur, la lune s'est glissée.

                                                    1886.

LES VOIX LOINTAINES

Celui qui n'a pas tout mon cœur
Ne saura rien de ma pensée:
L'âme qui n'est pas la sœur,
La sœur jumelle de mon âme,
N'entendra rien à ma douleur.

Ma vie en deuil, comme une femme
Qui pleure longtemps, s'est lassée
Et mon âme, discrète et pâle,
N'est plus qu'une chapelle close
En un cimetière oublié.

Nul genou, sur la blanche dalle,
Depuis longtemps ne s'est plié,
Et c'est, à l'heure où toute chose
Se transpose un peu de mystère,
Dans la chapelle solitaire,
Une musique liturgique
Si profonde et si vespérale
Et si lointaine de la terre,
Une musique qui s'exhale
En l'âme close d'un cantique:
Des voix de femmes inconnues
Et de simples congréganistes;
Des voix on ne sait d'où venues,
Mais si pénétrantes, si tristes. . .
Et l'orgue un peu les accompagne. . .

Et c'est le soir dans la campagne.

1886.

LES ANGÉLUS

Cloches chrétiennes pour les matines,
Sonnant au cœur d'espérer encore!
Angelus angélisés d'aurore,
Las! où sont vos prières câlines?

Vous étiez de si douces folies!
Et chanterelles d'amour prochaine!
Aujourd'hui souveraine est ma peine,
Et toutes matines abolies.

Je ne vis plus que d'ombre et de soir;
Les las Angelus pleurent la mort,
Et là, dans mon cœur résigné, dort
La seule veuve de tout espoir. . .

[sans date]

LA CHEVAUCHÉE

A l'horizon des grises plaines
De mes pensées et de mes peines,
Là-bas, vers ce morne lointain
De lune sur des brumes pâles,
Oh! ce galop triste et sans fin!
Ce galop de blanches cavales.

Et mes princesses nuptiales,
Déjà lointaines, vespérales,
Les belles-au-bois de mon âme,
Ces inoubliables d'amour,
Vers qui mon cœur se plaint et brame
Pour un inutile retour;
Celles de là, mes Walkyries,
Toujours plus pâles et plus pâles,
Chevauchent au loin des prairies,
Le galop des blanches cavales.

1888.

LAISSE MOURIR LES ROSES

Vois se faner dans les automnes
Les pâles roses de ton front;
Vois se faner les roses
Dont les pétales tomberont,
Doucement lents et monotones,
Sous nos paupières closes. . .
Laisse mourir les roses. . .

Laisse tes mains sur mes pensées.
Laisse tes lèvres ointes,
Tes lèvres si souvent baisées,
Laisse ta lèvre et tes mains jointes
Au front de mes pensées.
Et laisse alors les litanies
Des nonnes errantes dans les ténèbres,
Geindre et se plaindre autour de l'église qui dort,
D'où le remords les a bannies;
Laisse tomber la douleur et la mort
De leurs lèvres funèbres. . .

Qu'importe! N'ai-je pas autour de ma pensée,
Où le serpent de l'angoisse se tord,
Tes chères mains, endormeuses de mort?
Et n'ai-je pas, ma chère femme,
Les pâles roses de ton front
Dont les automnes tomberont
Comme des baisers sur mon âme?

Laisse mourir les roses. . .

1890.

LES CYGNES

Sur le pâle étang de mon rêve,
Sur ces eaux mourantes, parfois
Sinistres de l'étrange voix
Surnaturelle qui s'en lève;

Sur l'étang du rêve, tout blancs,
Les Cygnes lents de la légende
S'en viennent, et l'on se demande
De quel mystère ils sont si lents?

Pour quels secrets, quelles histoires
De chambres d'or et de manoirs,
Que des soirs, de fabuleux soirs
Nous voilent de leurs ailes noires?

Et pourquoi si fière et si grande,
L'attitude de ces oiseaux?
Si superstitieux, ces eaux
Et ces Cygnes de la légende?

Voyez! Oh! voyez, des colombes
Volètent autour de leur front!
Pourquoi penser qu'ils s'en iront
Vers l'autre monde et vers les tombes?

1888.

VISION

Dans la misère de mon cœur,
Dans ma solitude et ma peine,
Dans l'immémoriale plaine
De mon passé tout en douceur,
Sous un peu de lune d'amour,
Par une pâle fin de jour,
Trois blanches filles taciturnes,
Plus ténébreuses, plus nocturnes
Que la polaire et vaine plaine,
Trois blanches filles ont passé
Sur un peu de lune d'amour. . .
Et c'est cela tout mon passé.

1887.

SON ÂME

Afin d'entendre ses fallaces
Et ses menteuses espérances,
Et les ressouvenances lasses
Qui closent les vieilles souffrances,

Mais sans pardonner au malheur
Qui fana la fleur de son cœur,
Quand elle vint s'asseoir, en peine,
Auprès du soir, comme une sœur,

Le soir, émané de la plaine,
Du lac et de la solitude,
S'épandit en son pauvre cœur,
Comme une peine dans sa peine.

Et son âme, par habitude,
N'est plus aujourd'hui qu'une grève
Où toute veuve, dans son rêve,
Viendrait pour mirer sa douleur.

1887.

LES FABLES DE L'ÉCRAN

Sur les moires et le velours,
Mystérieusement les reines
Brodent en fabuleuses laines
Les chimères de leurs amours;

Mais leurs rêves de jeunes filles,
Si loin des mains qui vont au mal,
O Lune! tu les éparpilles
En étoiles vers l'Idéal;

Et leur virginité s'oublie
Parmi les lacs et les étangs,
Et la voilà, pauvre Ophélie,
Toute en des fleurs de l'autre temps. . .

Nul ne sera Celui des peines,
Celui du rêve et de l'espoir
Que les belles ont, quelque soir,
Laissé mourir près des fontaines.

1887.

LOHENGRIN

Au loin, des ballades meilleures
Closent mes yeux extasiés,
Et je m'endors vers d'autres heures
Sur des seins d'amours oubliés.

Le Cygne de mon rêve entraîne
Mon cœur tristement ébloui
De n'avoir plus toute sa peine
Loin du rivage évanoui.

Et dans l'oubli de la nuit noire
Qu'il trouble en ce lac de mes jours,
Le Cygne vogue par la moire
Attiré vers les voix d'amours,

Tandis que la lune hivernale
A mis sa fleur, sa froide fleur
De givre et sa chimère pâle
Sur le bleu vitrail de mon cœur.

                                        1887.

LA FIANCÉE DE L'OMBRE

Quelle est, en ce manoir des songes,
Aux fenêtres à peine ouvertes,
Quelle est, au loin des plaines vertes
Et de l'horizon des mensonges,
Quelle est, en ce manoir, la Dame
Qui règne au trône des ténèbres!

Quels sont ces murs gris et funèbres
Qui se regardent dans l'étang,
Comme un coupable dans son âme?
Quelle est la maladive enfant,
Quelle est la reine qui s'y traîne
Et qui, depuis des ans, attend?

Quelles sont ces âmes mystiques
Qui, dans des salles monastiques,
Sous des lampes orientales,
D'un air indolent, alangui,
Tissent des toiles pâles, pâles?
            Et pour qui?

                                        1890.

MAISON D'AMOUR

C'est dans la ville d'espérance,
Endormie au fond des remords,
Comme au fond d'un jardin d'automne,
C'est dans l'oubli de la souffrance
Et du passé qui me pardonne,
Comme on est pardonné des morts;
A l'ombre d'un peu de mystère,
Et plus seule et plus solitaire
Parmi sa grille à jamais close
Pour ceux qui viennent de la terre:
C'est la maison de toute chose,
La mystique maison d'amour.
Et parfois, quand se meurt le jour,
De ses fenêtres demi-closes,
Des romances douces et graves
Et si célestement suaves,
Qu'on a peur de tant de langueur,
Tombent parmi de pâles roses,
Sur des souffrances inécloses,
Et l'on sait que c'est le bonheur
De deux mains à jamais fidèles
Aux promesses inoubliées,
Deux âmes à jamais liées
Par des caresses éternelles.

1889.

[sans titre]

Il y a nombre de béguines,
De pâles sœurs de charité,
Qui viennent en chantant matines,
Au manoir de mon cœur hanté.

Et leurs voix laissent sur les routes,
Traîner de lentes litanies,
Et leurs prières chantent toutes,
De lamentables agonies.

Et la princesse de mon cœur,
Aux longues paupières meurtries,
Se meurt d'indicible langueur,
Devant les pâles théories

Qui s'en viennent vers les fenêtres,
Au souvenir déjà pâli
D'anciennes chasses dont, peut-être,
Ne sonnera plus l'hallali.

Puisque voilà, par les bruines,
Par les neiges et dans le soir,
Les sœurs grises et les béguines
Qui se rapprochent du manoir.

1889.

LES MAINS SUPRÊMES

O cette sœur de charité,
Cet ange de fatalité
Qui s'est introduite en silence,
Dans la chambre où dort la souffrance.
O cette impassibilité
Qu'elle a déjà, comme les saintes
Qui ne comprennent plus nos plaintes,
C'est déjà la mort, dirait-on,
Tant elle a de sérénité.
Aussi, voyant entrer la sœur,
Les sept filles de la maison
Ont pleuré doucement de peur.
Et la malade, dans son âme,
S'est dit: voilà les mains de femme
Qui savent cet étrange ouvrage:
Le secret d'embellir la mort
Et d'effacer de son visage
La peine du dernier effort.
Voilà la sœur de charité
Qui joint les mains, ferme les yeux,
Dont les caresses font en sorte
Qu'une pauvre petite morte
Prenne un air calme, sérieux,
Indifférent, d'éternité. . .

1889.

VUE DE VILLE

Roucoulements très doux, très lents,
Et plaintes de moutons bêlants,
Et chants de coq et cris de poule,
Et voix de peuple qui se saoule;

Au haut des toits des paons chantant
Des pleurs d'enfants que l'on entend,
Et cris de mère qui les gronde
Là-bas, dans une cour immonde.

Voix de bêtes et voix de gens,
Et de vendeurs et d'indigents,
Et quelquefois d'une gouttière
De l'eau qui tombe en la rivière;

Rivière où se mirent très peu
Les maisons au toit rouge ou bleu,
Et les fenêtres sont fleuries
De fleurs malades et flétries.

Et des bruits du matin au soir
De choses que l'on ne peut voir;
Et des appels de voix sonores
Meurent dans les eaux incolores.

Dans les eaux sales, dans les eaux
Tristes, stagnantes, sans échos,
Où pleurent,—des maisons croulantes—
Des eaux invisibles, très lentes.

Jamais de barques, des pontons
Vermoulus, rivés aux maisons. . .
C'est un quai de l'ancienne ville,
Ayant cent ans, peut-être, mille.

1887.

LA PLUIE DU SOIR

Il pleut si misérablement
Sur ma barque et dans l'eau qui pleure!
Il pleut des larmes sur la terre,
Et puis c'est l'heure,
Et c'est l'universel mystère,
Et puis il pleut si tristement
Sur ma barque et dans l'eau qui pleure!

Et voyez la voile grelotte
Dans le vent qui geint et qui corne!
Et j'ai vu passer la licorne
Comme une espérance falote. . .
Et toujours, oh! ce vent qui corne!

Viens dans ma barque de misère!
Nous voguerons sur l'eau qui pleure. . .
Nous irons au lac de mystère
Où s'entend la voix éperdue
D'une princesse légendaire
Qui pleure là, qui pleure
La barque à tout jamais perdue
Au fond des eaux
Dans les roseaux.

1892.

Appendice

Lettre inédite de Maurice Maeterlinck à Grégoire Le
Roy (collection privée)
(Voir la note 20 de l'Introduction)

[cachet de la poste: 24-01-1889]

Mon Cher Grégoire,

Je préfère t'écrire ce matin. Il y a déjà quelque temps que tu me sembles
découragé et j'ai eu plusieurs fois l'intention de t'écrire. Aujourd'hui,
il y a d^s ta lettre, une phrase où tu affirmes un renoncement, et qui
m'aurait rendu très triste si je n'envisageais pas la part que doit y avoir
l'impression du moment que tu subis toujours plus fortement que les
autres. (Pour l'amour de Dieu n'attache pas d'importance à cette
insignifiante erreur de ta nouvelle en prose, tu iras, très souvent je crois
vers une littérature toute d'impression sans événements et sans inci-
dents analogue à celle de Baudelaire, de Verlaine. C'est la plus difficile
à atteindre p. e. q. [il] s'agit de découvrir une zone d'impression tout
à fait à soi. Seulement une fois qu'on y est on est au-dessus de tous—
et chaque erreur est un grand pas.)
    Mais il me semble que ton découragement vient surtout de l'opinion
que tu crois que n^s avons de tes vers. Je ne sais comment le phantôme
est entré d^s ta tête, mais je l'y vois grandir étrangement depuis que ta
plaquette est sous presse. Je ne sais comment faire p^r que tu me croies
absolument, et p^r que tu ne t'imagines pas que je veuille panser le mal
que je t'ai fait hier. Mais je te donne ma parole d'honneur que je pense
ce que je vais dire: je ne vois chez n^s que quatre poètes: toi, Charles,
Severin et Verhaeren—c. a. d. quatre sur qui la vie a fait une impres-
sion spéciale—on pourrait dire que le poète est une planche de cuivre
et la vie un acide différent en chaque poète—de là des effets divers,
l'acide mordant le cuivre en moires, en bulbes, en lignes, en trous etc.
De ces quatre, je n'oserais en mettre aucun au-dessus des autres, ils
sont mais différemment et chacun d'eux a ses aptitudes que person-
nellement et momentanément on peut préférer—comme on préfère le

goût de tel mets. De ces quatre, je considère Charles comme l'artiste le plus inquiet et le plus subtil—comme serait par exemple Ros[s]etti comparé à Swinburne. De ces quatre toi et Verhaeren me semblent les plus instinctifs, tels qu'apparaîtraient Swinburne ou Whitman comparés à Poe ou à Ros[s]etti, on est ainsi et l'un n'est pas plus grand que l'autre. Maintenant, voici selon moi l'erreur de Charles dont est né ton [biffé: votre] découragement, il ne te [biffé: vous] l'a peut-être jamais dit, mais cela transpire toujours, par les yeux, par les mains, par l'allure, par je ne sais quoi. Les <u>instinctifs</u> comme Verhaeren et toi [biffé: vous], ont peu d'inquiétudes, ils tentent peu d'inquisitions ou d'expériences, ils sont très sensibles et très réceptifs, et les impressions d'immédiatement autour d'eux leur suffisent—de là pour ceux qui les entourent un phénomène très naturel et qui peut à leur insu fausser leur appréciation, c'est qu'ils découvrent presque toujours la source de leurs impressions. C'est, je crois, ce qui a eu lieu p^r Charles—au fur et à mesure de vos pièces, il les a vues nées d'un mot de lui, et, à cause de la vision immédiate et grossie de cette source il a entrevu une ressemblance qui n'y était pas. Il a oublié que tout poète en chaque pièce a nécessairement une source parallèle (les siennes par exemple comme il est un inquiet sont très lointaines et très diverses). Il n'a pas réfléchi à l'étonnant travail de digestion intellectuelle qui s'opérait et à l'étrange parti que vous saviez tirer de vos sources restreintes. J'ai partagé un moment son erreur—mais il y a longtemps que j'en suis revenu, et lorsque je considère maintenant l'ensemble de ton œuvre, je la place exactement à côté de celle de Severin et de Verhaeren.

(Pardonne-moi l'incroyable bafouillage de cette lettre écrite en toute hâte ce matin et ne considère que ce que j'ai eu l'intention de dire.)

à toi,

M.

(Publication autorisée.)

EXETER TEXTES LITTÉRAIRES

La nouvelle collection *Exeter Textes Littéraires* est dirigée par David Cowling, maître de conférences dans le Département de français, Université d'Exeter.

1 Marie Krysinska, *Rythmes pittoresques*
   éd Seth Whidden

2 *Candide, ou l'optimisme, seconde partie (1760)*
   éd Edouard Langille

3 *Autour de la 'Lettre aux directeurs de la résistance' de Jean Paulhan*
   éd John Flower

4 *La Matrone chinoise ou l'épreuve ridicule, comédie (1765)*
   éd Ling-Ling Sheu

A partir du 5e volume sous la direction de Malcolm Cook

La liste des 113 volumes de la première série (*Textes littéraires*), publiés entre 1970 et 2001, est accessible sur le site Web du Département de français de l'Université d'Exeter (www.exeter.ac.uk/french/) en suivant le lien 'Textes littéraires'.